新しい地球で
楽しく生きるための

目醒めの
レッスン29

私は、瀬織津姫と呼ばれし者。
このチャネルを通し、今までもさまざまなメッセージを伝えてきました。

MESSAGE I FROM 瀬織津姫《せおりつひめ》

そのような中、多くの人々が今、長き眠りから目醒め、
真実に生きようという流れが起きはじめています。
これは日本だけに留まらず、世界レベルで起きていて、
一過性のものではありません。

あなた方は、これから世の中が変化する様《さま》を目のあたりにすることになります。
多くの虚偽が暴かれ、明るみになり、
「真実だと思っていたことが嘘であり、
嘘だと思っていたことが真実であったこと」を知るのです。
間もなくあなた方は、
私が今お話ししている真の意味を理解する時を迎えるでしょう。

目を開くのです。心の目を……。
その目をもってすれば、自分に、日本に、世界に、
そして宇宙に何が起きているのかを、あなた方は観ることができるのです。

今、世の中では自身の真実から目を背けず、眠り（コントロール）から抜け出し、
目を醒まそうとする勇敢な意識たちが、次々に出てきています。

その反面、目醒めたくない、あるいは、あなた方に目を醒ましてほしくない
意識たちからの圧力も、
未だに……いえ、今だからこそ、強く働いているのです。

まさに、「窮鼠《きゅうそ》猫を噛む」のことわざ通り、
あなた方の世界では今、
何が起きてもおかしくないタイミングを迎えていることを知ってください。

私は、あなた方を怖がらせるためにお話ししているのではなく、
気づきを得てほしくてお話ししているのです。

遠い昔、レムリアと呼ばれた美しい大地が海底に沈む遥か以前に、
宇宙からあなた方に「目醒めよ！」という強いシグナルが送られてきていました。

けれども、そのシグナルを真摯に受けとめた者たちは、
それほど多くはありませんでした。
また、たとえ受けとめたとしても、不安や怖れ、
そして焦りから逃げ出したくなった意識たちは、
「大丈夫、大丈夫、そんなことは起きないから安心していればよい」
という者たちの言葉に流され、

「そうだ、そうだ、そんなわけはない」と、
せっかく得た気づきの炎を消してしまったのです。

今、あなた方の世界にもこうしたことが
起きていることに気づいていますか？
あなた方は、また歴史を繰り返すつもりなのですか？

あなた方は今、レムリアが沈んだ、
まさにそのサイクルと同じ時を迎えているのです。

そして宇宙は同じく「目醒めよ！」というシグナルを
繰り返し送ってきているのです。

もちろん、これは命令や何かではなく、
朝、母親が寝ている子供を起こすとき、
「ほら朝ですよ（目醒めのタイミングを迎えていますよ）！
そろそろ起きなさい（夢から醒めて、素晴らしい1日をはじめましょう）！」
と優しく促すのと同じことです。

改めて言います。
この大きな変容のタイミングを迎えようとしている地球に生まれし勇敢な意識たち、
目を醒ましなさい！

あなた方は、この惑星の変革に携わるために、
何世紀も輪廻転生を繰り返し準備してきたのです。

MESSAGE I FROM 瀬織津姫《せおりつひめ》

私は、すべての人に呼びかけているのではありません。
目を醒まそうと眠り続けようと、人には自由意思があり、
宇宙から観ればすべてが完璧なのですから。

ただ、私のメッセージに耳を傾けている「あなた」は、
自ら今世で目を醒まし、
願わくば地球と共にアセンションという高みへ上っていきたい、
と生まれてきた魂なのです。

そうであれば、大切な自分との約束を果たしたくはありませんか？
そして、あなたが心からそれを望むのなら「ときは今」です。
あなたの魂からの呼びかけが、
こうして私のメッセージを引き寄せていることに気づいてください。

私は、瀬織津姫。全宇宙の進化向上を司る者の一人です。

我《われ》は、天之御中主神《あめのみなかぬし》として知られる意識なり。
我は、すべてを生み出す空《くう》なる意識そのものであり、
あらゆる時空間に遍在する存在なり。

あなた方は、遥か遥か遠き昔、
根本創造主である空なる意識から放出された純粋なるスパークである。
つまり、あなた方は根本創造主のエッセンスそのものであり
純然たる神そのものなのである。

その神であるあなた方が、まるで自分は何もできない小さき存在であり、
罪深き存在であるかのように振る舞い、
自身(宇宙)の可能性のすべてを体験しようとしているのだ。

MESSAGE II FROM 天之御中主《あめのみなかぬし》神

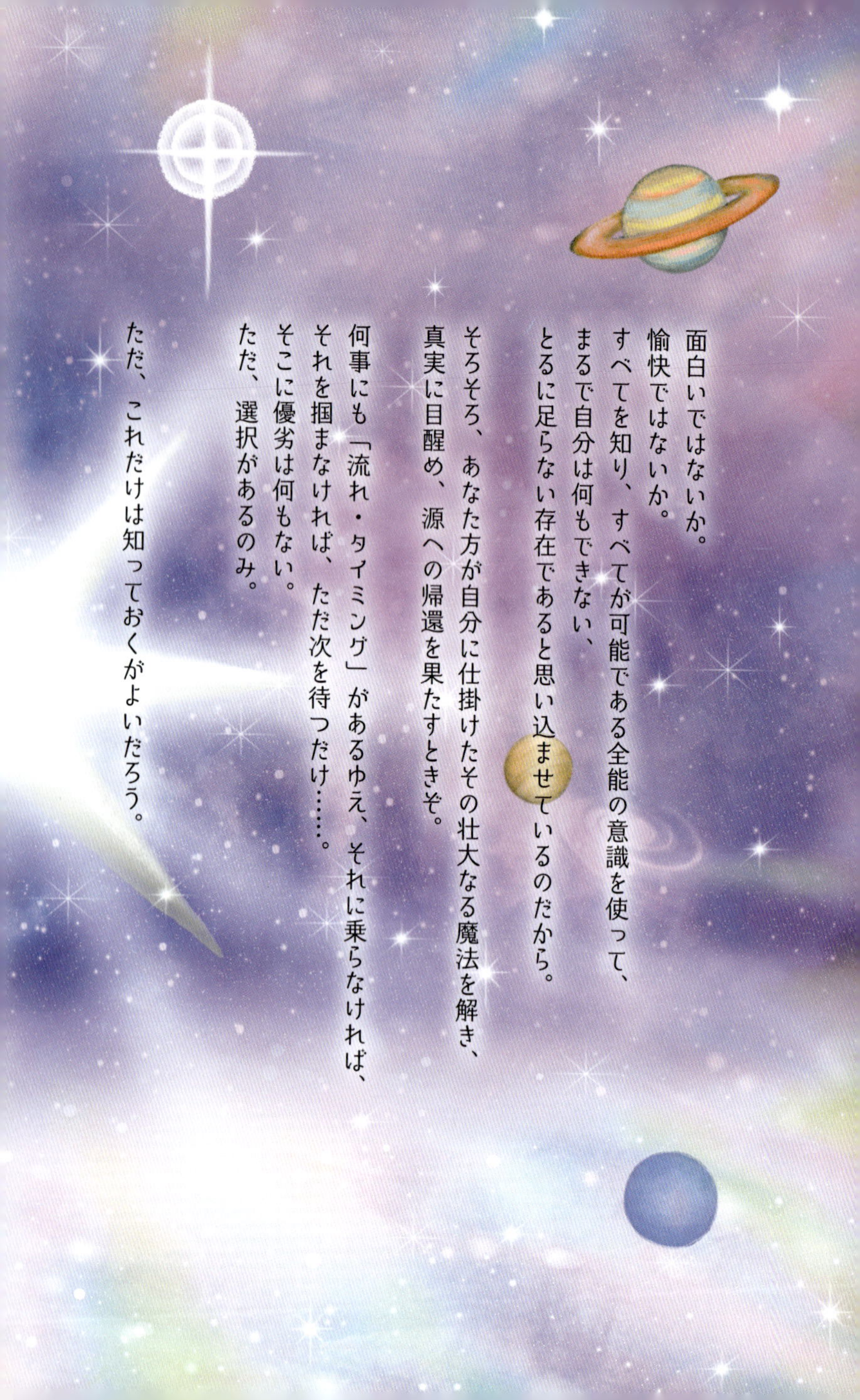

面白いではないか。
愉快ではないか。
すべてを知り、すべてが可能である全能の意識を使って、
まるで自分は何もできない、
とるに足らない存在であると思い込ませているのだから。

そろそろ、あなた方が自分に仕掛けたその壮大なる魔法を解き、
真実に目醒め、源への帰還を果たすときぞ。

何事にも「流れ・タイミング」があるゆえ、それに乗らなければ、
それを掴まなければ、ただ次を待つだけ……。
そこに優劣は何もない。
ただ、選択があるのみ。

ただ、これだけは知っておくがよいだろう。

母なる父なる源は、あなた方が「家」に還る道を整え、
あなた方が還ってくるのを、今か今かと心待ちにしていることを。

原初のスパーク(分離)を通して、あなた方は十二分にそれを体験し、
あとは帰還(統合)へと至るのみである。

そろそろ還る準備をし、今度は分離から統合という本来の我に還る旅路を
大いに楽しんでみたらいかがだろうか?

もちろん「可愛い子には旅をさせよ」の言葉どおり、
根本創造主はあなた方がどのような選択をしようとも、
常に無条件にあなた方を認め受け入れ、愛している。

しかしながら、この心踊る旅路へと航海の舵を取るか否かの
「選択のときは今」である。

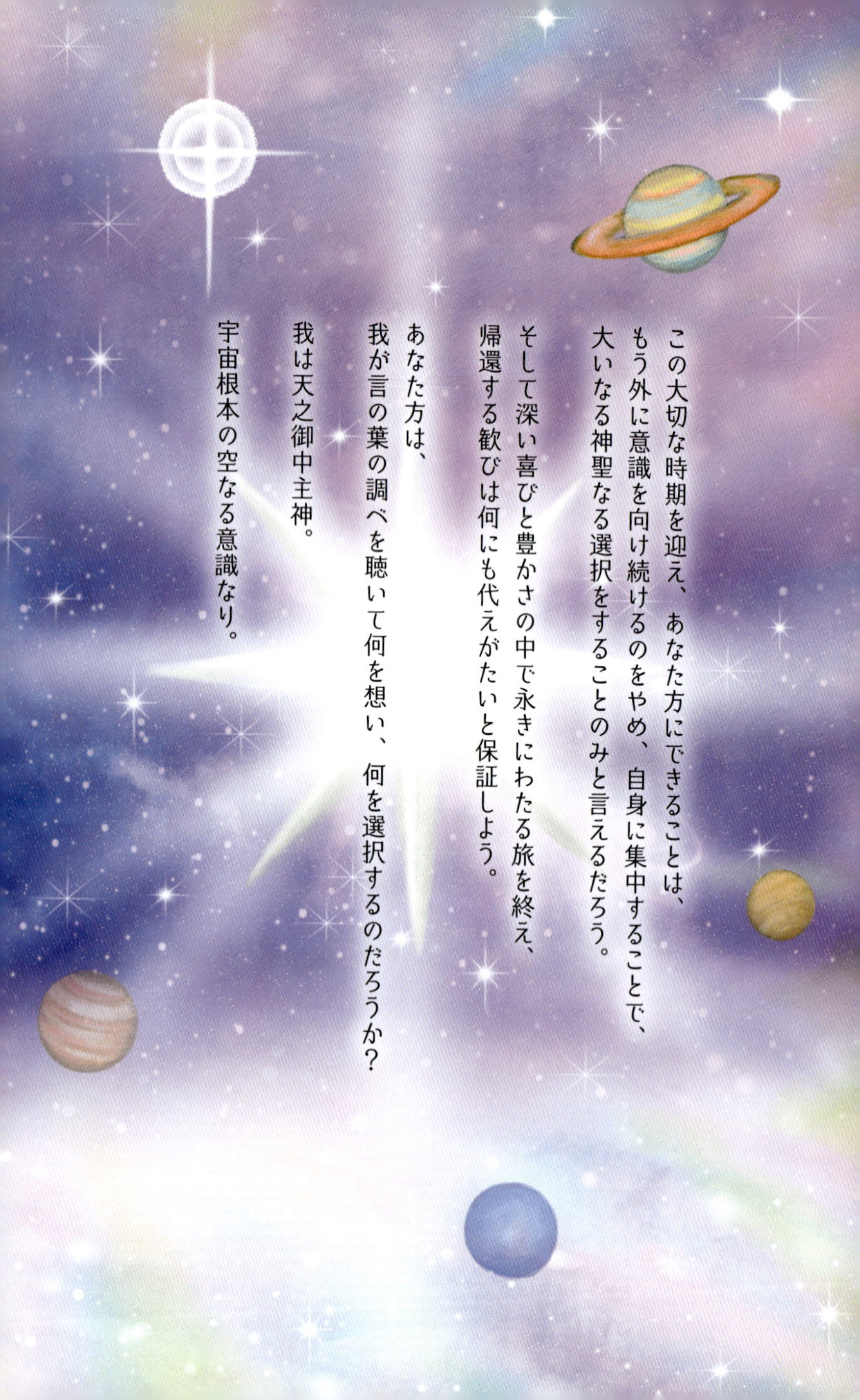

この大切な時期を迎え、あなた方にできることは、
もう外に意識を向け続けるのをやめ、自身に集中することで、
大いなる神聖なる選択をすることのみと言えるだろう。

そして深い喜びと豊かさの中で永きにわたる旅を終え、
帰還する歓びは何にも代えがたいと保証しよう。

あなた方は、
我が言の葉の調べを聴いて何を想い、何を選択するのだろうか？

我は天之御中主神。

宇宙根本の空なる意識なり。

MESSAGE Ⅲ FROM ニギハヤヒ

我が名は、ニギハヤヒ。
このチャネルを通し、今あなた方人類に起きていること、
そしてこれから起ころうとしていることを話そう。

あなた方は今、類《たぐ》い希なる霊的進化を達成することのできる、
恩寵《おんちょう》のときを迎えている。

人が肉体という衣を持ちながら、霊的意識の高みへと達するとき、
本当の意味で、この物理次元をマスターすることになる。

あなた方の住まう母なる地球と、我が化身でもある太陽は
密接なつながりを持ちながら、大いなる源からの情報とエネルギーを、
あなた方へと送り、意識の進化・拡大を促している。

これは、人の意識の目醒め、そして覚醒《アセンション》へと導く潮流であり、
時間軸でいうところの「遥か昔からの約束の成就」である。

つまり、あなた方はこの人生において、
自身が人としての体験をしてみたくて、神としての記憶を完全に忘れ去り、
何世紀もの輪廻転生というゲームを
繰り返してきた存在であったことを憶い出す、ということだ。
こうして、いわばゲームの終焉《しゅうえん》を迎えたあなた方は、
神としての才能や資質を取り戻すことで、

この地上に八百万《やおよろず》の神々からなる神代《かみよ》を創り出す。
これこそが、あなた方が今回、この地球に生まれてきた所以《ゆえん》であり約束である。

永きにわたる人としてのゲームを終え、再び神としての我を取り戻し、
創造主であるあなた方の望む世界を、
この地上に自在に顕《あらわ》してみたくはないだろうか？

誰もが深い安らぎと喜びに満ちながら、各々の才能や資質に照らし合わせ、
望む世界を自由に創り出し、それでもなお調和があふれる。
なんと豊かで幸せなことか。
あなた方は、これから神代を築き上げていくのである。

もし、あなた方がこの真実を生きたいのなら、憶い出すがよい。
自身が神であることを。
そのためには、まず、
自分は既に神であるということに意識を向けなくてはならない。

あなた方は、これから神になるのではなく「既に神」なのだ。

神である我は、どう感じ、どう考え、どう捉え、どう話し、どう振る舞うだろう……。
常に日常をその意識で過ごし、行動に一致させることで、
あなた方の神なるエッセンスが甦ることになるだろう。

さあ「時は今」である。
永きにわたって閉じ込められてきた幻想を抜け出し、
今こそ自身の本質を憶い出すことで、
「生得の権利(生まれながらに与えられた権利)」を復活させるのだ。

あなた方は決して、儚《はかな》く弱き存在などでは断じてなく、
力強き永遠なる存在なのである。
そのことを片時も忘れぬよう、意識に据え置かれよ。

我は、ニギハヤヒ。
新たなる時代を見据える者なり。

Channeled by Yoshikazu Namiki

新しい地球で
楽しく生きるための

目醒めの
レッスン29

目次

はじめに

――大天使ミカエルからのメッセージとともに――

最近では、「目醒《めざ》め」や「アセンション」という言葉は珍しくなくなってきました。

今、多くの人たちが、「自分が今、生きている人生以上に大切な何かがあるのではないか？」と感じています。

それはつまり、別の言葉で言えば、多くの人たちが今、「自分の目には見えないけれど、もっと何か大切なものがきっとあるはず。それも、自分自身が根底から大きく変わってしまうほどの何かがあるはず……」ということを感じ取りはじめている、ということです。

これについて、読者の皆さんに向けて、大天使ミカエルから次のようなメッセージが降りて来ました……。

あなた方は、人類史上、稀《まれ》に見る時代を迎えていることは間違いありません。

それは心踊る「源への帰還の旅」です。


あなた方は肉体を脱ぐことなく、つまり死を体験することなく、本質であるハイヤーセルフを、その肉体にグラウンディングさせることで神なる存在として、この惑星を生きることになるのです。


ハイヤーセルフが闊歩する地球……。

これがどれほど素晴らしいことか、わかりますか？

あなた方は、宇宙の知恵や叡智《えいち》を降ろして、新たな文明を築き上げていくのです。


つまり、政治・経済・医療・建築・アートなど、あなた方を取り巻くすべての環境に、宇宙の高いエッセンスが反映することになるわけです。

それは真の意味で、あなた方の生活を一変させることになるでしょう。

宇宙の愛と調和が共振する素晴らしい世界が次々と姿を現すのですから。

それだけではなく、あなた方の意識がある一定のレベルまで引き上げられたときには、今まで隠されてきたさまざまな「秘密」が明らかになるでしょう。

それは、宇宙に関する情報も含めて、驚きとともに人々に開示されることになります。

そのとき、本当の意味での宇宙文明が実現します。

つまり、他の宇宙の種族との交流がはじまることになるのです。

信じられますか?

あなた方は今、それほどエキサイティングな時代を生きているのです。

言い方を換えれば、こうした時代を迎えることを知っていて、あなたの魂は自らこの時代を選んで生まれてきたのです。

これから目醒めへの潮流は、ますます加速していくでしょう。

でも、大切なのは、あなたの選択、そして意志です。

また、今という時期は、宇宙から目醒めのための情報やツールもさまざまなものが、「光の伝達者（チャネラー）」たちに送られてきています。

その中から、あなたが惹《ひ》かれるものを受け取り、実践することで、自分の生き方を変えていってほしいのです。

本書の情報が、もしあなたの心に響くなら、ぜひ使ってください。

でも、もしそうではないと感じるのであれば、そのままにしておいてください。

きっと、あなたには、他にもっと合う方法があるのでしょう。

でも、覚えておいてください。

いつでも「あなたが主人公」です。

その情報やツールを使うあなたに、力《パワー》があるということを。

今、宇宙からあなた方にたくさんの祝福が降り注いでいます。

かつてないほどの愛と光が送られてきています。

人類の、そして地球の夜明けは確実に近づいていて、あなた方が魂レベルから待ち望んだ「そのとき」を、これから迎えようとしているのです。

さあ、準備は良いですか?


大天使ミカエルは、たくさんの天使やマスターたちと共に、僕たちの目醒めをサポートしています。

今回のメッセージは、大天使ミカエル自身がこのフェスティバルを自ら楽しんでいるかのようなエネルギーで、僕にこのメッセージを伝えてきました。

とはいえ、当然ですが、ただお祭り騒ぎをすればよいということではなく、僕たちはしっかりと目的と方向性を明確にして、準備をする必要があるのです。

だからこそ、もし、皆さんが今世の間に肉体を持ったまま目醒め、その先のアセンションというシフトを体験したいと思うのなら、大天使ミカエルの言うように、ぜひ、本書の情報を上手く使いこなしてほしいのです。

本書では、日常の身近なものや習慣を使いながら、いかに肉体と精神と魂の波動を上げていくかに焦点を当ててみました。

今回ご紹介するワークは、どれも比較的簡単にできるものばかりですので、ぜひ、楽しみながら実践して、あなたにどのような変化が訪れるのかを「実験」してみていただけたらと思います。

さあ、それでは今から「心踊る源への帰還の旅」の一歩を踏み出していきましょう。

並木　良和

第1章

naMikipedia《ナミキペディア》

アセンションの時代を生きる人のための用語解説集

「〝目醒め〟と〝覚醒〟って同じこと？」

「〝アセンション〟が〝覚醒する〟ということじゃない？」

「〝アセンション〟は、〝5次元へ移行する〟ことよね？」


まず、僕からすれば、「目醒め」と「覚醒」は意味が違います。

でも、「アセンション」と「覚醒」は同じことです。

そして、「アセンションとは5次元に移行すること」は部分的には合っているかもしれません。


今、スピリチュアルの世界ではたくさんの情報があふれすぎていて、逆に真実や〝本当のこと〟がわかりづらくなってきています。

同じ〝言葉〟を使っていても、その人なりの考え方や価値観のもとでその言葉の意味を取り違えていたり、同じ言葉をお互いが共有しながらも、お互いがまったく別の理解をしていたりすることもあります。

そこで今回は、僕なりに、今スピリチュアルの世界で頻出している言葉や、アセンション時代に向けて知っておきたい単語を改めてピックアップして解説してみました。

この「naMikipedia《ナミキペディア》」の用語集は、あくまで僕が考える言葉の意味としてのご紹介になりますが、今後、目醒めを経て新しい次元に移行するこのタイミングにおいて、皆さんと同じ理解を共有しておきたいとの意向から、言葉の意味を解説しながらも、読み物風にまとめてみました。

スピリチュアル

スピリチュアリティと科学は一見、相反するように捉えられているが実は同じもの。つまり、スピリチュアリティとはサイエンスであり、真実・本質を意味する。もともと、サイエンスとは真実や本質を数式や理論で実証するものであるが、現在、スピリチュアルと呼ばれているものが、少しずつ科学の分野で明らかにされ、証明されはじめてきている。今後、目醒めの時代を迎えると、さらにスピリチュアリティと科学は融合していくことになる。たとえば現在、ミディアム（霊媒師）やサイキックなどが行っているような見えない世界とのコンタクトや、亡くなった人とのやりとりなども、将来的にはサイエンスの進化により、ある種の装置を通して誰もが行えるようになってくる。

アセンション

「上昇（ascension）」を意味する言葉。スピリチュアルな世界でいうアセンションとは、地球と人類の波動が上がり、これまでいた次元よりも上の次元へと移行していくこと。2012年からはじまり、現在そのプロセスは進行中。「覚醒する」という意味と同じ。

目醒め

目醒めとは、本来の自分自身を憶《おも》い出すということ。自分が特別な何かや崇高な何かになろうとするのではなく、高次元の自分の本質を憶い出していくということ。また、この世界がイリュージョン（幻想）であるということに気づくこと。「悟り」と同じ意味。目醒めへのゲートは、２０２０年の３月20日（春分）から同年の８月末にかけて閉じはじめ、ゲートが完全に閉じるのは、２０２１年の12月21日の冬至の時期になる。

覚醒

覚醒を別の言葉で表現するなら「アセンション」。もともと「光の存在」である人類が、波動を落として眠った自分たちの光のレベルを再び上げていく＝周波数を上げていくことが覚醒でありアセンション。特に、今回の覚醒＝アセンションでは身体を持ちながら、それが達成できることで、３次元という物理次元の法則から抜けられる可能性も高い。それは、たとえ今ここに津波が押し寄せてきても、普通に呼吸していられる自分になれるということ。また、もし今ここに火の手が迫ってきたとしても、平然としていられるということ。このような自分へと変容を遂げていくためにも、今回の覚醒＝アセンションでは意識レベルだけではなくて、肉体ごとアセンションするためのレッスンが必要になる。

波動・周波数

波動＝周波数。波動とは字のごとく波の動き、つまり、量子論でいわれている「この世界はすべて波動でできている」ということ。そして、波動（周波数）には、荒い波動、微細な波動というふうに「質」の違いがある。たとえば、憎しみや怒りなどの感情は低くて荒い波動になり、愛や喜びは高くて細やかな波動になる。基本的に、波動の高低は「どちらが優れている」という優劣ではなく状態の違いであり、それぞれの特性を意味するだけ。波動を優劣で捉えてしまうことが、「眠っている」という状態でもある。

天使

天使とは、「神の遣い・メッセンジャー」のこと。かつて、神または、宇宙の源（根源）・ソースでもある「ひとつの大いなる意識」がスパーク（爆発）して生まれた存在が人類であり、この世界に存在しているすべてのもの。そんな創造主の分身である人類と創造の源の波動とがあまりにもかけ離れてしまったため、その間を取り持つために創造主から遣わされたのが天使という存在。天使たちは、人間と大いなる源の間にある波動のギャップを埋めてくれている。同時に、さまざまな高次の存在たちとともに、人類のアセンションのプロセスをサポートしてくれている。

アセンションのプロセスをサポートしてくれている、
神のメッセンジャーである天使たち。

大天使

天使よりも波動の高い領域にいる存在たち。天使たちは7次元レベルで振動している存在であり、大天使は8次元以上に存在しながら天使の監督も行っている。ミカエルやラファエルなどは、さらに高い次元に存在している。

かつて地上に生きた人間のうち、大天使になった存在が2人いる。そのうちの1人は、旧約聖書に出てくる予言者エリヤで、彼は大

8次元以上に存在して、天使の監督も行う大天使たち。

天使サンダルフォンになった。もう1人は、神の記録係であったエノクで、後に大天使メタトロンになった。この2人はツイン（双子の魂）であり、もともと人間でありながらも天使のルーツを持っていたといわれている。

アセンデッドマスター

「アセンド」とは上昇を意味する。アセンデッドマスターとは、かつて地上で人間として生きた後、次元を上昇して霊的指導者になった存在たちのこと。キリストやブッダもアセンデッドマスター。アセンデッドマスターは7次元以上の周波数を持った存在たちのことであり、6次元にいる存在たちはジュニア・アセンデッドマスターと呼ばれる。マスターたちも、何段階も存在するイニシエーション（通過儀礼＝次元上昇におけるテスト）の階段を、日々統合しながら登り続けている。ちなみに、キリストやブッダは一般的なヒューマンではなく、ワンダラー（宇宙の記憶を持って生まれたE．T．ソウル）であり、ある時期を境に宇宙とダイレクトに交信しながら地上で生きていたといわれている。

naMiki's Note 1

〜背の高いブッダは人間（ヒューマン）ではなく宇宙人（E．T．ソウル）だった〜

かつてインドを旅したとき、僕はブッダとともに生きた人生のことを思い出しました。その際によみがえった記憶から言うならば、ブッダは僕たちと同じような〝普通の人〟ではありませんでした。つまり、ブッダはいわゆる宇宙人であり、現在の人類としての肉体と同様の構造を持っていたのではなかったのです。

たとえば、今でも現存しているブッダと弟子の姿の絵や彫刻などには、ブッダの姿は普通の人間である弟子たちよりもかなり大きく描かれている作品がたくさんあります。身長にすると、2〜3メートルはあるように見える描かれ方に気づかれた人もいるかもしれません。あれは、仏陀の偉大さを表すためではなく、本当にそれだけの背丈を有していたのです。

同様に、日本の初代天皇系の人々も背が高かったという記録も残っています。また、聖地で有名なアメリカのシャスタ山の地下都市に住む存在である、かつてのレムリア人も背が2～3メートルあったともいわれています。そんな彼らも、実は、すべて宇宙からの存在、スペースピープルだったのです。

同様に、イエス・キリストも宇宙人でした。当時の宗教画には、円盤型のUFOが描かれているものが残されていますが、これも、イエスが宇宙からの存在であることを説明しているのです。

ヒューマン（人類）

宇宙のたくさんの種族の混血であるハイブリッド（混合種）がヒューマン（人類）。人類は、遺伝子的にさまざまな種が混合されていることから、本来なら宇宙の数多《あまた》の種族の中でも最もポテンシャルがある存在のはず。これまでは、人間たちが潜在的なパワーを発揮することを阻む存在たちから、人間は「力のない存在である」「価値のない存在である」という意識を植え付けられて洗脳され、コントロールされてきた。今、目醒めの時代を迎える中で、人類には「自分たちには無限のパワーがある」ということを思い出し、認識すべきタイミングが来ている。

運命と宿命

運命は変更可能であり、宿命は変更不可能。人は生まれてくる前に、自分の魂レベルに応じて、「自分が成長するためには、人生においてどのようなイベントが必要か」ということを自分のガイドたちと相談して決めてきている。たとえば、お金の大切さに気づくためには人生の前半は貧しい暮らしからスタートする、などというストーリー＝運命も事前に決めている。けれども、その人生において「お金の大切さ」を別の形で早く学ぶことができた場合は、シナリオにあった貧しい人生も早く切り上げることができたり、貧しい人生を送る必要もなくなったりもする。つまり、必要な学びが終われば運命は変更可能であるということ。人は、目醒めるほどに自分のストーリーを思うがままに変えていくことができる。一方で宿命は、「日本で、どんな両親の元に男として生まれる」などの条件的なものであり、それらは変更不可能。

パラレルワールド

自分が想像できる限り存在している多次元の宇宙のことであり、宇宙とはひとつではなく、多次元的に交差して存在しているもの。それは、いくつもの次元が自分のすぐ隣に存在しているということでもある。たとえば、ある人に、AとBという選択肢が発生したとする。そして、その人がAを選択した場合は、そこからAを選んだことにより展開される宇宙が分岐されていき、Aを選んだ結果によって起こる体験が進行していく。つまり、Aというパラレルワールドへと移行していく。けれども、選ばれなかったBのパラレルワールドもまた同時に存在していて、AもBも選ばずにCを選んだ次元なども、パラレルワールドとして同時に存在していることになる。

naMiki's Note 2

周波数を変えれば、いつでもパラレルに移動できる

パラレルを移動するということは、別の言葉で表現するならば、「意識を変える＝波動を変える」ということです。

これをたとえ話で説明してみましょう。

たとえば、学校でいつもいじめられている子がいるとしましょう。

そのとき、もし、その子が意識を変えることができれば、その子の周波数が変わります。すると、いじめがぴたりと止むようなことが起きたりします。

それはつまり、もう「いじめられる」ということがないパラレルワールドに移動するのです。周波数という「フィルム」を取り換えることになるため、映し出される現実という映像が変化するのは当たり前なのです。

でもそれは、「その子の心が強くなったためにいじめが終わった」とか「いじめっ子たちが改心していい子になった」というのではありません。

ただ、もともといじめなどがないパラレルワールドへ移動した、ということなのです。

いってみれば、「かつて、いじめがあったけれどもなくなった」ということではなく、その子がいじめられている世界は依然として、別のパラレルで続いているわけです。けれども、その子は、もうその世界には存在していません。

そして、移動した先のパラレルワールドでは、その子をいじめていた子たちも、違う意識や個性の子たちとして存在しているのです。

人は同じ周波数を選び続ける傾向がある

基本的に僕たちは、〝今の自分〟と同じ周波数を選び続ける傾向があります。

なぜなら、時間が連続して存在していると信じているからです。それは、現実はそう簡単に変えることはできない、という信念があるからです。

でも、周波数を変えることで、違うパラレルワールドに移行することは可能なのです。

いえ、可能というより、それは自然なことなのです。

わかりやすく、実際にあるケースでお話ししてみましょう。

ある人が、交通事故の後遺症のために、その後は足を引きずるようになってしまいました。

普通なら、事故の後遺症なのだから仕方がない、ということかもしれませんが、高い視点から観ると、その人はただ「後遺症によって、足を引きずり続ける周波数」をずっと選び続けているだけなのです。

実際には、僕たちが生きている「今ここ」から一瞬先はつながっているものではなく、ただ、その瞬間瞬間にそれぞれがある特定の周波数がある世界を選んでいるのです。

なので、その人がもし次の瞬間に「足を引きずらない自分」を選ぶことができるのなら、次の瞬間から普通に歩けるようになってもいいのです。

多重人格者は瞬時にパラレルを飛び交っている

これは、多重人格障害をもつ人に起きる現象でも説明ができるでしょう。

幾つものパーソナリティを持った多重人格者と呼ばれる人は、その性格・キャラクターを瞬時に変えることでも知られていますね。

たとえば、ある多重人格者がAからBという人にシフトしたときに、Aの状態の人格では身体が健康体であっても、Bという人格になったときには、身体に毎回腫瘍《しゅよう》がある、ということがあります。でも、再びAの人格に戻って検査をすると腫瘍は見つからないのです。

そして、AあるいはBからCに変わったときには、いつもCの人格は風邪を引いていたりするのです。

こんなふうに多重人格者は人格を瞬時に変えるごとに、その人の持つ肉体条件までが一瞬で変わってしまうことがあるのです。

それは、その人が一瞬一瞬、違う周波数を飛び交っているからです。

その人のアクションの一コマ一コマはつながっているように見えても、実は一コマ一コマはつながっておらず、独立しているのです。

つまり、本来なら誰もが一瞬一瞬、このコマからあのコマに飛び移る、ということをしてもいいのです。

でも、普通にはやらないいし、やれない、と思っている。

それが〝眠り〟なのです。

目醒めが起きると、このパラレルワールドを飛び交うしくみも明確にわかるようになります。

それができると、時間を超越するようなことも可能になるのです。

時間

時間とはイリュージョンであり、もともと存在していないもの。けれども、ここ地球では人々が眠りというゲームを体験するために、分離意識から時間を生み出した。また、時間とはプロセスを体験するために生み出されたもの。いずれ、目醒めた人は、時間もコントロールできるようになる。たとえば、目醒めると、もはや今までのような時間は存在しないので、ある場所から別の場所へと瞬時にテレポートができるようになるなど、移動というプロセスを必要としなくなる。今でも本来の自分につながって生きている人は、時間を極端に必要とせずに、願ったもの、思ったことをすぐに具現化できるようになっている。

シリウス

精神的、霊的に進化した「魔法の星」。シリウスには魔法学校もあり、『ハリー・ポッター』の物語は、著者がシリウスからダウンロードしたものがもとになっている。シリウスは地球より一足先にアセンションを遂げた先輩の星として、地球人にいろいろな知恵を授けてくれている。ちなみに、地球をサポートする星は、その時々の地球の波動によって変化しており、かつてはプレアデスのサポートが大きかった。現在は、アセンションを迎えるにあたって、シリウスの影響が強くなってきている。他にも、現在はアルクトゥルスからのサポートも入ってきている。

癒し・ヒーリング

癒しやヒーリングとは、「治す」「治療する」という意味ではない。真の癒しとは「自分が完全なる存在である」ということを理解し、かつ、その意識になれること。自分の高い本質を憶い出し、その完全なる意識の状態でいられるのなら、「癒されなければならない人」や「癒しを必要とする人」は存在していないはず。自分が完全なる意識であるということを憶い出し、そうなれたときに、初めて必要な「癒し」「ヒーリング」は瞬時に起きる。病気や不調などの低い波動は高い波動とは共存できないので、癒しを必要とする人が高い波動にチャンネルを合わせたときに自然に消えていく。

ヒーラー

二極性の世界において、ヒーラーが「癒したい」という意識でいることで、「癒されたい」という相手を生み出してしまう。けれども、本物のヒーラーは、目の前に病気の人がいたとするならば、その人の病気を治すのではなく、ただヒーラー自身の波動（＝周波数）を上げ続けるだけ。そして、周波数を可能な限り引き上げた状態で場を保ち続ける中、病気の人が本当に治りたいという意志があれば、その高い周波数に自ら合わせて上がってくる。すると、癒しは自然に起きる。数々の奇跡や癒しを起こしてきたあのイエス・キリストは、癒されたいと願う相手に対して、「私はヒーラーである」とか、「私があなたを癒します」などという意識は微塵《みじん》も持っていなかった。ただ、目の前にいる人を「私と同じく神の子であるあなたは、自らすべてを創り出すことのできる完全な存在であり、今、既に癒されている」という「完全性」にのみ完璧にフォーカスできた人。

チャネリング

チャネリングとは、自分がつながりたい相手の周波数にチャンネルを合わせてこちらから電話をかけるようなもの。大天使ミカエルなら大天使ミカエル、大天使ラファエルなら大天使ラファエル特有の周波数があり、その周波数さえ合わせることができれば、各々の存在と会話が可能になる。次元の高い存在は、こちらが高い意識にならないとつながることはできない。また、相手からコンタクトがあるときは、相手が最大限こちらの周波数に合わせてくる。

アカシックレコード

宇宙のはじまりから終わりまでの歴史が記録された情報のデータベース。この宇宙に存在している、あらゆる存在や事柄の情報を網羅したデータバンクのようなもので、ここにアクセスして、ファイルを開くように、特定の情報を読むことができる人のことをアカシックレコード・リーダーと呼ぶ。ただし、次元は幾つも重なり合っているために、ある1つの次元にいながらアクセスして読んだ情報が、その時点でのアカシックレコードになっている。つまり、アカシックレコードの情報は1つだけではないということ。また、アカシックレコードにもデータがどんどん加えられていて、常に変化している。

宇宙のすべての情報・叡智がつまった
データバンクの役割を果たすアカシックレコード。

幽霊・お化け・ゴースト

幽霊やお化け、ゴーストと呼ばれている存在は、実際に存在している。彼らは、幽界（魂が死んで旅立つ次元であり、地上と似たような世界であるといわれている）と呼ばれる次元でさまよっている存在たち。魂はいったん幽界にハマってしまうと、意識が朦朧《もうろう》としてさまよってしまうので、こちらの世界では幽霊として扱われてしまう。実は、この幽界とは、人間（ここでは人間のスピリット）がこの世界より上の世界へと行けないように仕掛けられた罠《わな》のような場所。この幽界というトリップがあることで、人は地球レベルに留まってしまっている。けれども今後、地球の波動が上がっていくにつれて、幽界自体も消滅していく。

除霊と浄霊

除霊とは、いわゆる成仏できずにさまよう中で人に憑依《ひょうい》した（取り憑《つ》いた）霊をはずすこと。つまり、一度その霊を取り除くことができても、外されたあとに、まだ、その辺をうろつくことになるので、また後で同じ人や別の人に憑依してしまう可能性があるため、浄霊が必要になる。浄霊をしてはじめて、その霊が行くべき次元へ送ることができるようになる。優れたサイキックや霊能者は、きちんと浄霊までを行える人のこと。

輪廻転生《りんねてんせい》

輪廻転生は「生まれ変わり」を意味する言葉として信じられているが、本来なら「輪廻」と「転生」は別のもの。まず、「転生」とは肉体を離れた魂が幽界以上の霊界へ行って、そこでガイドたちと「これまで何を学んできたのか」「次は何を学ぶか」について話し合う。そして、次の人生で魂の成長に必要なことや自分の役割を見定めて、明確な意志を持ち、新しい人生を選んで再びこの世界に生まれてくること。

一方で、「輪廻」とは魂が幽界のトラップにハマってしまい、幽界とこの世界をぐるぐる回るだけになっているもの。幽界では意識もリセットされずに朦朧としているので、そこから再びこちらの世界へやってきても、自分が何のために生まれてきたのかなどがはっきりとわからないので、人は転生をする必要がある。釈迦は説法の中で、「人間は輪廻の輪から抜けなければならない」と説いていた。

3次元・4次元・5次元の違い

次元の違いとは、簡単に言えば密度の違いのこと。その次元を構成しているエネルギーが荒いと低い次元になり、微細なエネルギーであれば高い次元になる。まず、3次元は眠りの次元でありイリュージョン、かつ、バーチャルリアリティの世界のこと。つまり、眠りの中で体験しているフェイクな世界であるということ。けれども、そこから自分の波動を上げて4次元の意識になると、眠りの次元から抜け出して寝ているときに見る夢の次元に移行していく。たとえば、夢を見ていると状況や景色がパッと一瞬で変わるように、3次元の物理的な硬さが取れて、簡単に変化や変容が可能な、〝より柔らかい世界〟へと変化していく。さらに、5次元になると、モノとモノの間をするりと抜けたり、思ったことがさらにスムーズに具現化したりしていくという自由度が増していく世界になる。つまり、次元が上がり、荒いエネルギーから微細なエネルギーへと変化していくにつれて、どんどん制限がなくなっていく。

naMiki's Note 3

高度な遊びにハマって抜けられなくなった地球人

高次元では、願ったことがすぐに叶います。

たとえば、思ったことがすぐに形になったり、食べたいものがすぐに目の前に出現したり、行きたい場所へはその瞬間にもう移動していたりなど。

でも、いつもそんな状態だと逆につまらなく、タイクツになってしまうこともあるのです。何でも簡単に思った通りに叶うことがずっと続くと飽きてしまうわけです。特に、金星ではその傾向が強いといわれています。

だからこそ、あえて眠った状態で、何かを叶えるまでの〝プロセス〟を体験しに僕たちはわざわざ地球へやって来たのです。

実は、この「なかなか願いが叶わない」とか「夢を実現するにはたくさんのステップが必要」という今の地球人の悩みが、最初はとても斬新で新鮮だったのです。

そして、〝眠りながら〟そのプロセスを楽しんでいたのですが、いつしか、その高度な遊びにハマりすぎてしまい、自分たちが本当は高い意識そのもので、神聖な神なる存在である、ということをすっかり忘れてしまいました。そして地球人は、自らを苦しめるようになってしまったのです。

もうそろそろ、そんな遊びはやめませんか？

そして、本来の僕たちに戻りませんか？

第2章

目醒めにむけて知っておきたい6つの叡智

—Q&Aで学ぶアセンションへの道

今、アセンションに向けて、時代が大きな転換期を迎える中、前著の『本当のあなたを憶い出す、5つの統合ワーク　目醒めへのパスポート』では、あなたが本当の自由を手にして生きるための「目醒めのためのチケット」をお届けしました。

今回の本は、「はじめに」でもお伝えしたように、前著で目醒めへのチケットを手にしたあなたが、今度は「目醒めたい！」という気持ちから、実際に目醒めるためのステップに進んでいくための本になります。

そこで、本書ではそのためにより具体的なワークやエクササイズをご紹介していきますが、まずは、おさらいを兼ねる意味でも、皆さんから多く寄せられる質問を紹介しながら、目醒めについての理解を深めていきたいと思います。

Q1

2020年の8月にゲートが閉じられるといわれていますが、〝ゲート〟ってどのようなもの？　どこにゲートはあるの？

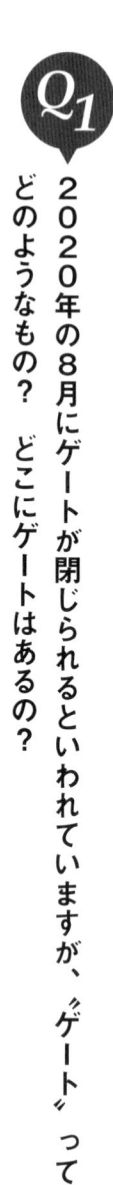

A

ゲートとは宇宙の流れが変わる「大きな波」のこと。

「ゲート」とは「扉」を意味する言葉ではあるのですが、僕のお伝えしているゲートの意味とは、**「こちらからあちら側への出入り口」**のことです。当然ですが、地球や宇宙のどこかに物理的なドアのようなものがあるわけではありません。また、ゲートを別の言葉で表現するならば、**「今の自分が存在している流れから、違う自分がいる流れへと大きくシフトしていく」**ということです。

たとえば、人生において、誰もがポジティブな流れを経験することもあれば、ネガティブな流れを経験することもあるはずです。ポジティブなことが立て続けに起きるラッキーな人が「今、私は波に乗っているの！」と言うことがあれば、好機を逃した人が「残念ながら、チャンスの波に乗れなかった！」と言うこともあるように、この宇宙においても、大きなエネルギーの「波」がアップダウンしながら寄せては引いているのが「宇宙の理」なのです。

そういう意味において、今は、**2万6千年に一度の波が訪れようとしているタイミング**を迎えており、この「大きな波」のことをゲートと呼んでいるのです。

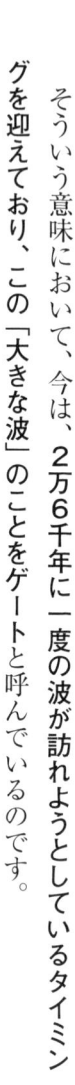

Q2 ゲートが完全に閉じるのが、どうして2021年の12月21日（冬至）なの？ また、なぜこのタイミングなの？

A 宇宙のリズムの中で自然に起きるタイミングだから。

これは**宇宙の波のリズムを読んだ「天気予報」のようなもの**です。たとえば、天気予報では「明日は雨で午後から風が強くなります。明後日は晴れになるでしょう」というような予測が出されますね。それと同じことです。地球の意識が2012年にアセンションをすることを決意してから、**2018年からアセンションへ向けての本格的な流れがはじまっている**のです。

今後、2020年の3月20日（春分）を境に急激にそのプロセスが加速することになりますが、これも宇宙で起きる波のリズムを読んだときに、「2020年の春分から覚醒への追い風がより一層強くなるでしょう」という天気予報のようなものです。そして、その波がいったん収まるタイミングが2020年の8月なのです。これは、**宇宙の理に組み込まれた自然の摂理**です。僕たちが「年を取りたくない！」と言っても誰もが皆、自然に老いていくように、これは人為的に変えられたり、避けられたりするようなものではなく、**宇宙における自然な進化のプロセスのひとつ**です。

Q3
アセンションに向けて、今は、どのような状況にあるのですか？

A
「目醒める」と決めるか、それとも、「目醒めないか」の選択を迫られている時期。

ゲートとは波を表し、その波に乗るか乗らないかという選択をすることになると説明しましたが、言い方を換えると、それは「ポジティブな列車に乗るか、ネガティブな列車に乗るか」、ということでもあるのです。さらには、「**アセンションしていく列車に乗るか乗らないか**」と言い換えることができるでしょう。これまで平行する2本の線路の上を並んで走っていた列車が、これからはだんだんと線路が離れていくことで、列車自体も大きく離れていくことになります。

今までなら、列車が平行して走っていたので、列車を乗り換えることも簡単でした。「昨日はネガティブな列車に乗っていたけれど、今日はポジティブな列車にしよう。明日はまた乗り換えればいい」というふうに。でも、これからはお互いの列車がどんどん離れていくので、どんなに向こう側へ飛ぼうと大きくジャンプしても、もう乗り換えられません。今はまさに、**自分の乗っている列車を乗り換えるならこのタイミングしかない**、という選択を迫られている時期なのです。

アセンションのプロセスを地球の視点から述べるなら、「アセンションすることに決めた！」と決心した地球が、今は、大きく螺旋《らせん》を描きながら波動を上げている真っ最中です。宇宙の法則の中には波長の法則というものがあり、これは「**同じ周波数・波長のものが引き合う**」ということを意味しています。今、地球が波動を上げている中、**僕たちも地球のリズムに合わせて波動を上げていかないと、地球と僕たちの波長が合わな**

くなってしまうのです。これが要するに、２本の列車が離れていってしまうということです。シンプルに表現すれば、**「次元上昇を決めた地球についていくか、いかないか」**ということになります。

Q4

自分も目醒めたいと思っているけれど、どうすればいい？「私も目醒めます！」と宣言《アファメーション》すればそれでＯＫ？　それとも、生き方を変えなければいけないの？

A

アセンションに向けて、外の現実に影響されずに主体性を持つ「目醒めた生き方」が必要になります。

では、目を醒ました生き方とはどのような生き方なのでしょうか？　それは、僕たちが**「自分の感情や思考は、自分で選ぶ」という主体性を持った生き方をすることです。**一方で、「眠ったままの生き方」とは、自分の感情に振り回されながら生きる生き方のことです。たとえば、ある人に何か一言言われただけで悲しんだり、怒ってみたり、または喜んだりなど、外側の現実に条件反射するように、いちいち反応して一喜一憂するという受動的な生き方です。

「目醒めた生き方」とは、自分の感情や、現実にどう反応するかさえも自分で決められる生き方です。これまでなら、「ひどいことをされた！」というような状況に遭っても、あなたの感情はそのことに影響されないので「うれしい！」と心から感じたっていいのです。**外の環境は自分の在り方とはまったく別のものであると気づき、自分の感情や思考を意識的に選んで生きることが目醒めの時代の新しい生き方**です。

とはいっても、「それができればいいんだけれど、どうしても、自分の感情に振り回されてしまう！」という人も多いでしょう。僕たちが現実だと思っている世界は、目の前のスクリーンに映し出されている3D映画のようなものです。実はあなたは、自分でその映画の映写機を回していたのですが、「これ、面白い！」「もっと臨場感をもって感じたい！」と言って映写室から出てきてスクリーンにのめり込んでしまい、映像に見入ってしまっているうちに、いつの間にか、その映像の中の主人公になりきってしまったのです。それが眠っている状態です。そんなときは、スクリーンにのめり込んでいた場所から観客席に座ればいいのです。もっと言えば、映写室に戻ればいいのです。

自分が映像を回す立場であったことを思い出し、さらには自分が好きなフィルムにいつでも変えられる、ということに気づくのです。「これは面白くないから変えよう！」とか「ホラー映画は飽きたから、コメディに変えよう！」など自由自在に変えることも可能なのです。これを本当の意味で理解し、この意識の使い方をマスターすれば、あなたはもう、何が起きてもびくともしなくなるはずなのです。**この自由自在な在り方を体現することが目醒めて生きる醍醐味《だいごみ》**なのです。

Q5

目醒めるためには、ハイヤーセルフとつながることが必要だと思いますが、ハイヤーセルフとつながる方法は？

A

ハイヤーセルフとつながっている状態は、「恋慕*うわよ（こ・ひ・し・た・ふ・わ・よ）」そのものの周波数で存在することです。

＊「恋慕うわよ（こ・ひ・し・た・ふ・わ・よ）」

こ……心地がいいこと

ひ……惹かれること

し……しっくりくること、すっきりすること

た……楽しいこと

ふ……腑に落ちること

わ……わくわくすること

よ……喜びを感じること

「ハイヤーセルフとつながる」ということを難しく考えていませんか？　実は、常々お伝えしている「**恋慕うわよ（こ・ひ・し・た・ふ・わ・よ）**」**の状態にあるとき、あなたは自然にハイヤーセルフとつながっている**のです。正しくは、「つながる」という言い方よりも、**あなた自身がすでにハイヤーセルフ**であり、この状態であるとき、あなたはハイヤーセルフを体現しているのです。そのハイヤーセルフが、この地球という物理次元を体験するために肉体という乗り物を使っているのです。自分自身とハイヤーセ

ルフが切り離された存在であると考えること自体がイリュージョンであることに気づきましょう。ただ、**「私はハイヤーセルフだったんだ！」と憶い出すだけでいい**のです。

また、よく「魂が肉体の中に入っている」という表現がありますが、実際には「魂が肉体を抱えている」と言った方がふさわしいのです。僕たちの意識は肉体の外に大きく広がっていて、地球を優に抱えるくらい大きいのです。「すべてのものが自分の中に存在している」、ともいわれますが、これは紛れもない真実です。だからこそ、**自分の中にはすべてのものが存在していると思えるくらい意識を拡大していく**のです。そのためにもまずは、本来の自分ではないものを手放しながら、肉体を超え、地球を超え、宇宙まで意識を広げていくのです。

もし、あなたがハイヤーセルフとひとつであることを憶い出し、意識と感性が拡大すると、今まで認識できなかったものが捉えられるようになったり、見ることができるようになったりするでしょう。たとえば、アセンデッドマスターをはじめとする高次の存在とも自由にコンタクトが取れるようになります。アセンデッドマスターや天使たちは、あなたのハイヤーセルフが電話交換手のような役割を果たし、彼らからのメッセージを取り次いでくれるのです。

Q6 今後、目醒めた人とそうでない人は、同じ地球上でどのように共生、共存するの？　別々の空間で生きていくの？

A 目醒めた人と眠っている人とは同じ地球にいながら、お互いがまるで関わりを持っていないかのように生きていくことになります。

先述のように、2020年の春分から夏までにゲートは次第に閉まり、完全にゲートが閉じる＝列車の乗り換えができなくなるタイミングが2021年の冬至である12月21日です。ここから2032年に向けて、**目醒めた人とそうでない人は、同じ地球にいながらも、どんどんお互いが視界から消えていく**という現象がさらに加速していきます。極端な言い方をすれば、目を醒まして生きることを決めた人たちは、同じ地球にいながらにして天国を体験しますが、一方で眠り続けることを選択した人は、まるで地獄を体験するような状況になっていくのです。

たとえば、目醒めた人たちが「なんて楽しいんだろう！」と平和に暮らす天国のような場所のすぐ隣町では、戦争による激しい戦闘の中、火の手が上がって人々が逃げ回り苦しむ地獄のような状況だってあり得るわけです。特に２０３２年を境に、地球は５次元へのシフトを完了させるため、このような状況がさらに顕著になっていきます。

また、アセンションが日常生活にどのような影響を及ぼすのかについては、たとえば、世界的に大きな金融危機や災害などが起きたとしても、目醒めた人はそれをものともしなくなるでしょう。どんなにネガティブな出来事があっても、もう自分の人生にそのことが影響しなくなるのです。つまり、豊かさや幸せの周波数そのもので存在しているので、どんなときも常にそれを反映してしまうわけです。逆に、ネガティブな出来事と急速に関わりを持ちはじめる人も出てくるかもしれません。一言で言えば、「**波動が高ければ天国にチャンネルが合い、波動が低ければ地獄にチャンネルが合う**」のです。

あなたは、光のチャンネルと闇のチャンネルのどちらに波動を合わせますか？

第３章

アセンションに向けて光の存在になる

「アセンションへのタイムリミットがある中で、どうやって目醒めた自分になっていけばいいの？」と思っている人も多いはずです。

そのために必要なのは、まずは、自分自身を「光のチャンネルに合わせていく」ことです。

あなたのココロとカラダが〝アセンション仕様〟になっていくためには、まずはあなたが、もともとは光の存在であるということを意識することからはじまります。

光の存在であることを憶い出すために――光のチャンネルに自分を合わせる

2章の終わりでは、目醒めた生き方に必要なのは「光にチャンネルを合わせること」とお伝えしましたが、では、どのようにそれを行えばいいのでしょうか？

すでにお話ししたように、僕たちはもともと光の存在だったのです。ということは、ただ自分たちが「光の存在」であるということを憶い出しさえすればいいのです。そのために必要なのは、「常に光を意識すること」です。なぜなら、光を意識することで僕たちの中にある「光の種」が共振しはじめるからです。

光の存在であることを意識する2つのコツ

自らが光の存在であることを意識するためには、次のようなことを心がけてみてください。

①キラキラと輝いているものを身に着ける・身の回りに置く

身体を持つ物理的な存在である僕たちにとって、最もわかりやすい方法が、物理的に輝くモノを身に着けたり、身近に置いたりすることです。キラキラと輝いているものは光をイメージしやすいので効果的です。

＊自分にとって心地よい範囲で光るアクセサリーやジュエリーを身に着けたり、キラキラした素材の洋服を着たり、輝く素材がついた小物（キーホルダー、お財布など）を使ったり、インテリアに取り入れたりして、時々その輝きを見つめて光を感じる時間

を持つ。

＊サンキャッチャーを窓辺にかける。太陽の光が当たるとプリズムのように輝く虹色の光線は意識の覚醒を促し、神なる意識であったことを思い出させる作用がある。高次の存在によれば、「虹の光は神の意識そのもの」であるとのこと。

②シャワーを浴びるときに光のシャワーを浴びていると意識する

シャワーを浴びるときには、お湯ではなく光のシャワーを浴びていると意識すること。今、実際に僕たちの意識の覚醒を促す光のシャワーが地球に降り注いでいるので、意識

サンキャッチャーで光を取り入れて。

的に光を取り込むと、さらに目醒めを加速させることになる。光が全身に降り注いでいることを意識するだけで、波動を上げることができる。

光のシャワーを浴びていると意識するだけで波動がアップ！

目醒めへのレッスン *1*

自らが「光の存在」であることを
自覚すること。
サンキャッチャーや、光のシャワーで
意識的に光を自分の中に取り込んで。

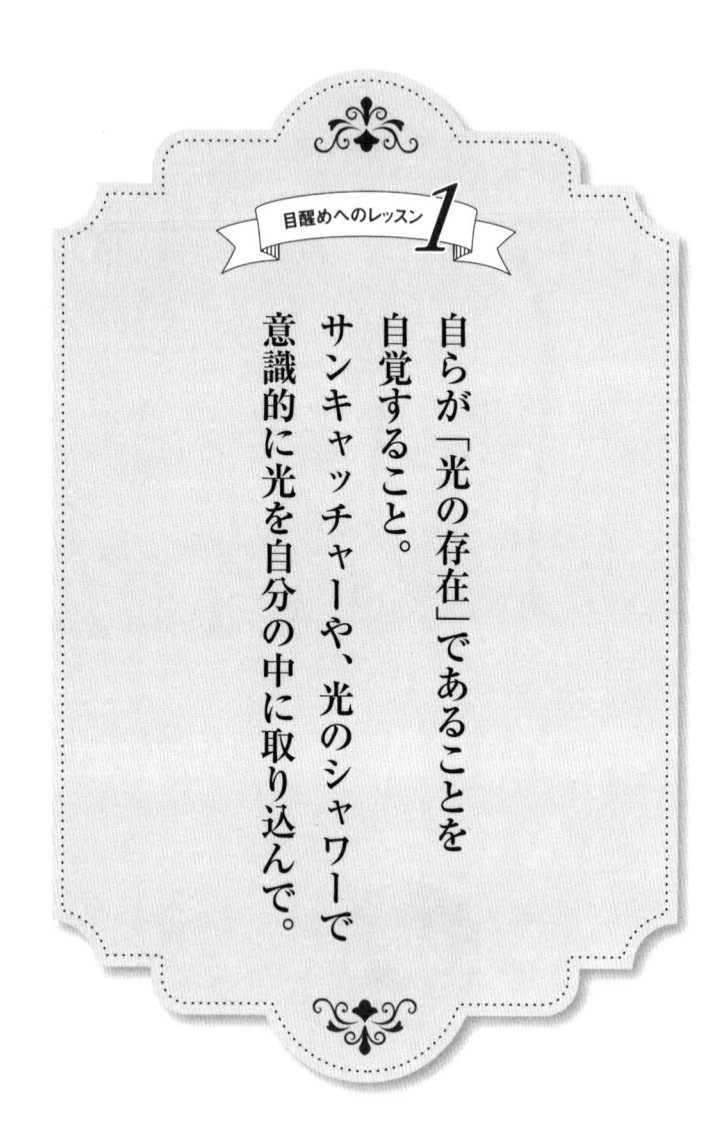

光を見つめると、闇が浮上してくることへの対処の仕方――統合のワーク

さて、前述の「光を意識するワーク」をしていると、自分の内側にある闇の部分が必ず浮き出てくるものです。誰もが、怒りや憎しみなどの闇の部分を自分の内に秘めているものです。

「では、その闇とどう闘うの？」

という質問も多いのですが、闇と闘うのではなく、闇を手放していくのです。それが統合のワークです。

統合とは、「手放す」ことによって、結果としてそれを「受け入れる」ということでもあるのです。

つまり、受け入れることのできないような感情を「一旦、手放す」ことで抵抗がなく

なり、一切のわだかまりが消えることで、最終的にそれを許し受け入れることができるようになるのです。

闇を「手放す」ことは、すなわち闇を「受け入れる」ということでもあり、怒りや憎しみなどを手放した後に、それを光にして自分に戻すという受容こそが「悟る」ということにつながるのです。

また、闇も「良くないもの」「悪いもの」というものではありません。

それは、あなたが本来持っている本質とは違う＝光の周波数とは違うものであり、地球で生み出された地球の周波数です。

あなたは、その地球特有の周波数を体験したくてここへやって来たので、感謝してそれを手放し、本来の純粋な光にして戻せばいいのです。

統合されて戻ってくる光は、本来の僕たちの高い波動のエッセンスそのものであり、闇を光に変容させたとき、初めて本来のパワーを取り戻すことになるのです。

こうして、闇を光に変えて取り戻すことで統合を進めながら、毎瞬を「恋慕うわよ（こ・ひ・し・た・ふ・わ・よ）」に従って生きるのです。

でも、自身の本質に向かって進んでいくうちに、本当の自分と現在の自分との間に挟まるように存在している「ネガティブな地球の周波数」に触れることにもなります。

たとえば、「好きなことばっかりしていいのかな？」という罪の意識や、「わがままなんじゃないかな……」という怖れなど、さまざまなバイブレーションが出てきますが、それらを手放していくことで、目醒めることができるのです。

目醒めへのレッスン2

闇とは〝闘う〟のではなく、〝手放す〟。
闇を受け入れて、
光に変容させることが
悟りにつながる。

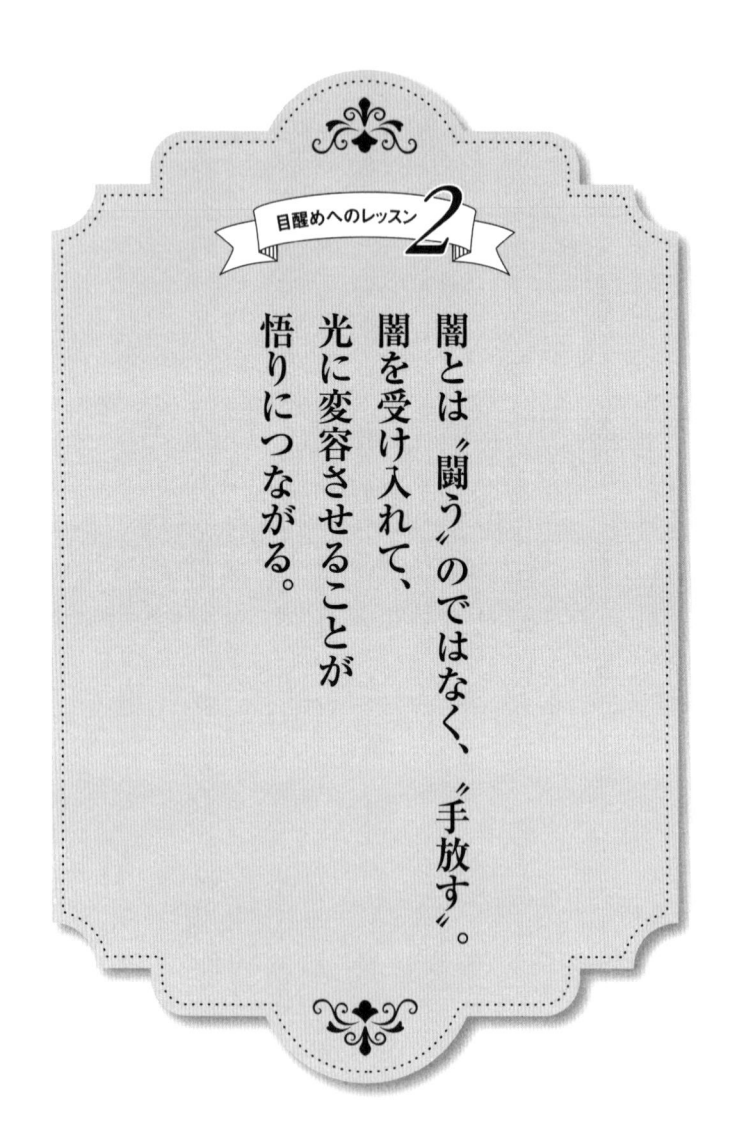

第4章

日々の暮らしの中で準備するアセンション

実践篇

あなたは、統合のワークだけしていれば目が醒めるわけではありません。

生き方そのものも変えていく必要があるのです。

日々の生活の中で意識と行動を変え、また、あなたの身体を変えていくことで、目醒めた存在へと少しずつ変容していけるのです。

さあ、日常生活にすぐに取り入れられる簡単なワークとエクササイズで、さっそく今からアセンションに向けて準備をはじめましょう！

食生活

食事はお肉はなるべく避けて、新鮮な野菜とフルーツをたっぷり摂って

肉体を持つ僕たちにとって、今のところ食べることは毎日欠かせません。

でも、この日々の食事を「どう意識して食べるか」次第で、アセンションに向けての準備に大きな差が出てくるのです。

まず、日々の食事に関しては、無理のない可能な範囲でなるべく肉食は避けた方が望ましいでしょう。

その理由の説明の前に、まずは、人間の身体の周囲を取り巻くエネルギー体についてお話ししましょう。

人間の肉体の外側には感情体、その外側には精神体、そして、その外側に霊体と呼ばれるエネルギー体が身体の周囲をオーラのように取り囲んでいます。

基本的に、人は〝眠っている〟状態にあると感情体をベースに生きていますが、今後、この地球が4次元から5次元へと移行するにあたって、目を醒まそうとする人は感情体から精神体をベースにした生き方へとシフトしていきます。

しかし、感情体と精神体の間にはある種の強固な壁があり、ここを超える時には、誰もが大きな葛藤や試練を経験するのです。

たとえば、過去に傷ついた経験を追体験したり、終わったと思った苦しみが再びよみ

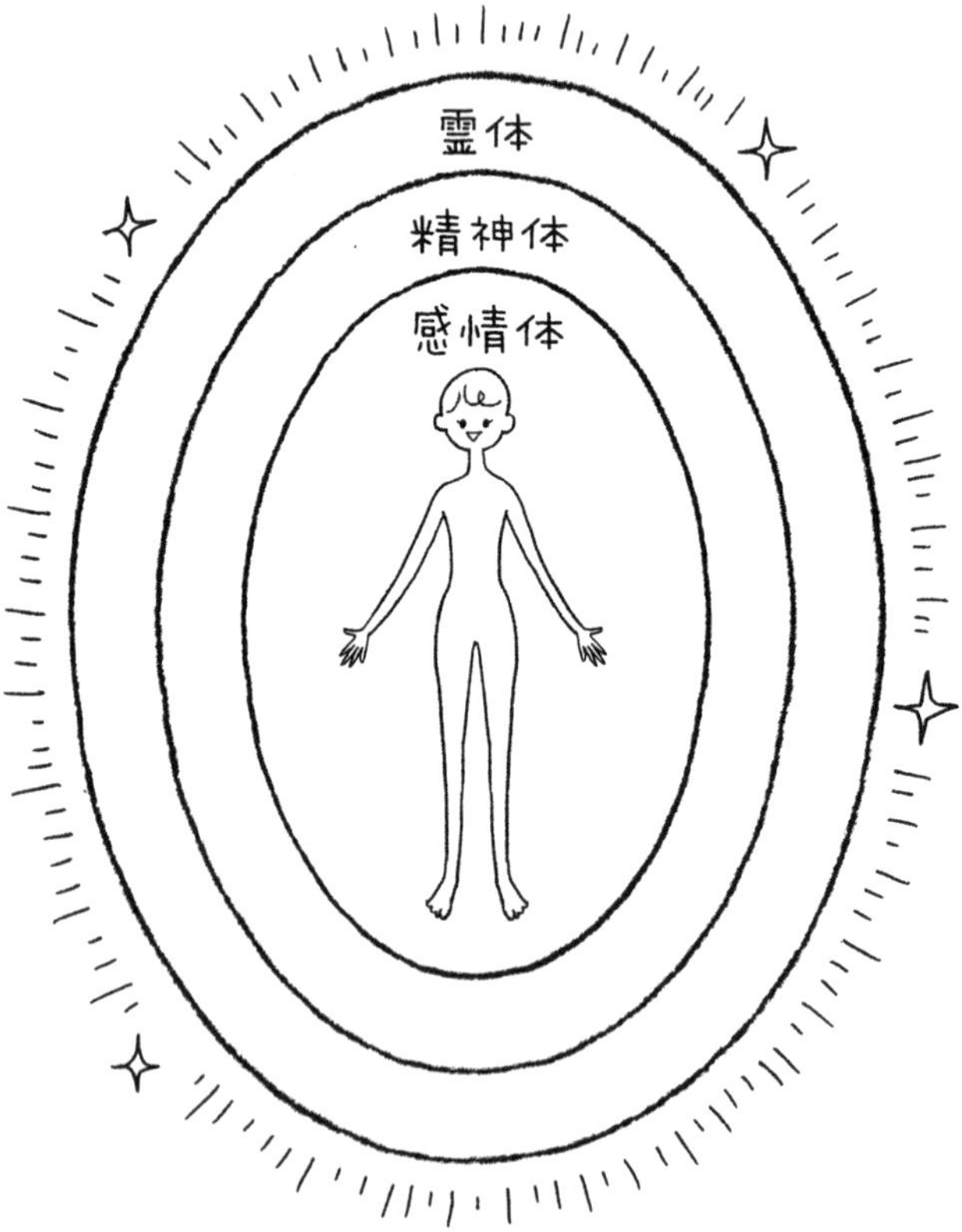

人間の身体を取り巻く3つのエネルギー体。

がえってきたりなど。

でも、そのような試練を超えられたら、自身の波動が大きく上昇し精神体へと移行できるのです。

だからこそ、必要以上に感情体を刺激しないような食材を摂るように心がけることが大切です。

基本的に、動物である牛や豚にも感情があり、屠殺《とさつ》されるときの不安や恐怖が動物たちの感情体に記憶されています。

肉食をすると、そのエネルギーごと摂り入れてしまうので、動物たちの不安や恐怖をそのまま受け取ってしまい、人間の感情体に悪影響を与えてしまうことがあるのです。

そうなると、感情のバランスを保つのが難しくなってしまいます。

今、エネルギーの流れが大きく変化しつつあるタイミングなので、できる限りバランスをとる工夫をしたいものです。

ただし、どうしてもお肉が好きな人は、「お肉を食べてはいけない！」というストレスの方がかえって感情体にネガティブな影響を与えてしまいます。

できればお肉好きの人は、美味しいお肉を少量摂るようにするといいでしょう。

かく言う僕自身も、お肉は嫌いではなく、美味しいお肉を少しですがいただくこともあり、「あぁ、美味しいな……。幸せだな」と満たされています。

つまり、一番良くないのは禁欲をすることです。

「あれをしてはいけない、これをやってはいけない」と自分を縛る必要はありません。

大切なのは、美味しい食事をいただき、感謝と幸福感で満たされること。

その上で、可能な範囲で新鮮な野菜やフルーツ、そしてナッツ類などを摂り入れていくといいでしょう。

木の実は、僕たちの直感や霊感を高めるのに有効な食材です。

いつもの食事の波動を上げるワーク

いつも何気なく食べている食事も、その波動を自分の波動にまで引き上げて食べることが可能です。

もともとお肉にある低い波動も、自分の波動にまで引き上げて食べれば、ネガティブな影響を最小限に抑えることができるのです。

ポイントは、調理したものを自分の波動に合わせることであり、無理矢理、波動の高いものを食べようとしないことです。

やはり、自分が主体になるべきであり、自分に合わせようとすることです。

そうすることで、気持ちのアップダウンも少なく、結果、着実に自分の波動を上げていくことができるのです。

その方法は、目の前の食事に意識を向け、「これらの食事を自分と同じ周波数まで引き上げます。そして、自分に必要な栄養素だけを吸収して、それ以外は全部地球にお返しします」と声に出したり、意図したりするだけでOKです。

そうすることで、余計な脂肪を溜めなくなるので、ダイエット効果も期待できるでしょう。

このように意識的に食事をすることで、よりパワフルな身体になれるのです。

食事をする前には、アファメーションをして
食卓に置かれた食事の波動を上げる。

目醒めへのレッスン3

日々の食事を意識すると、
目醒めも促進！
感謝と幸福感を
感じられる食事に加えて、
食材の波動アップも忘れずに。

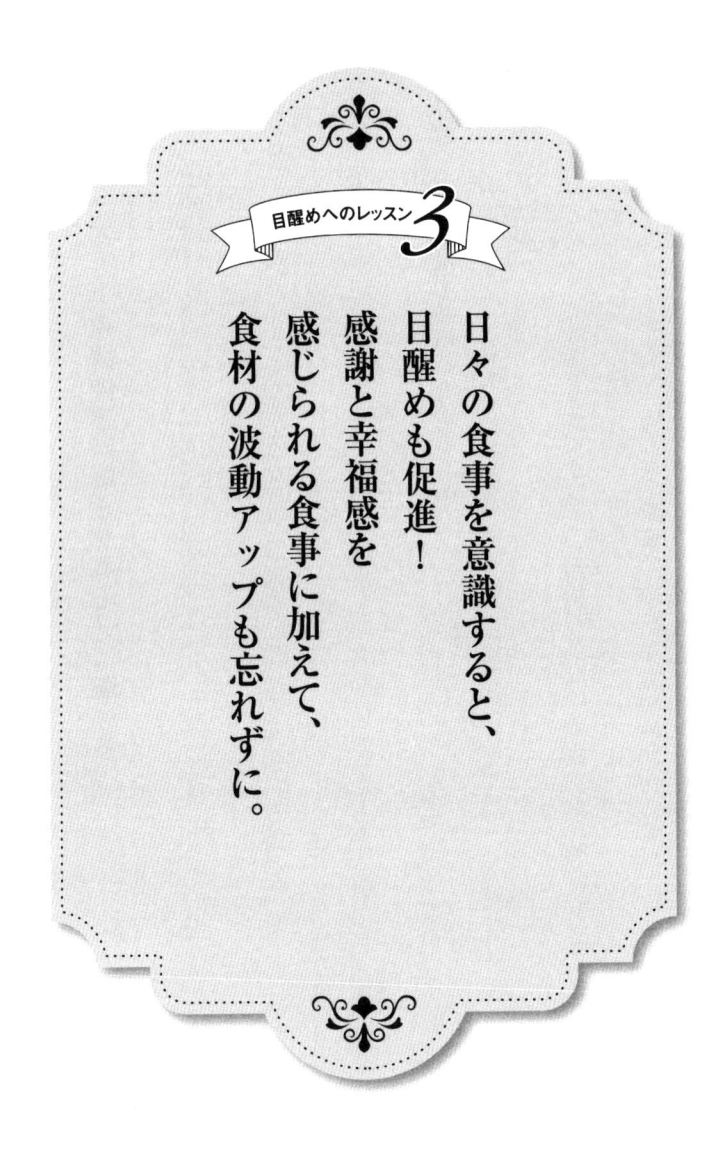

砂糖は控える――感情体を麻痺させるモノは避ける

特に、甘いスイーツは女性にとっては、日常生活の中で欠かせない〝自分へのご褒美〟の一品だったりします。

確かに、甘いスイーツを食べるだけで幸福感に浸れる人もいるほどです。

けれども、砂糖の摂取は依存性や中毒性があるので、摂りすぎると感情体を麻痺させる原因にもなるため、できるだけ砂糖を使用した食品は避けた方がよいでしょう。

「では、お砂糖は黒砂糖や天然のものだったらいいの？」

という質問もよくされるのですが、基本的に砂糖は精製されていない天然のものでも同様です。

たとえば、オーラの状態を観察すると、砂糖の摂取はアルコールの摂取時よりもエネルギー状態を乱すことが確認されています。

また、疲れが溜まると甘いものを摂りたくなりますが、感情のバランスが乱れたときにも、それが顕著になります。

とりわけ女性は、毎月のホルモンバランスのゆらぎもあり、より感情に乱れが生じやすいのですが、男性よりも女性の方がスイーツを好む傾向が強いのも、こうした身体的な要因も関係しています。

感情のバランスを自分でコントロールできるようになると、自然と甘いものから離れる傾向があります。

とはいえ、今のあなたの食生活から砂糖を完全にカットする必要もありません。

でも、砂糖の摂取を少なくすることは心がけられるはずです。

たとえば、もしコンビニに行くたびにスイーツを1つ買う習慣がついているなら、それを3回に1回にしてみる、というふうに少しずつ無理のない範囲で砂糖の摂取を減らしてみてください。

そのうちに、スイーツを毎日食べていたのが週に1回で満足できるようになるかもしれません。

日々、感情のバランスを取ることを心がけると、そのうちにそこまでスイーツも必要としなくなるでしょう。

ちなみに、「塩分も避けた方がいいですよね？」とよくいわれますが、実は塩分は摂取しなさすぎてもダメだったりします。

もし、塩分と砂糖とどちらが有害かと聞かれれば、僕は砂糖の方が有害と答えます。

もちろん、塩分も摂りすぎには気を付けてください。

目醒めへのレッスン４

目醒めるためにも、
有害な砂糖の摂取は少な目に。
ストレスのない範囲で、
甘いスイーツを食べる回数を
減らしていく。

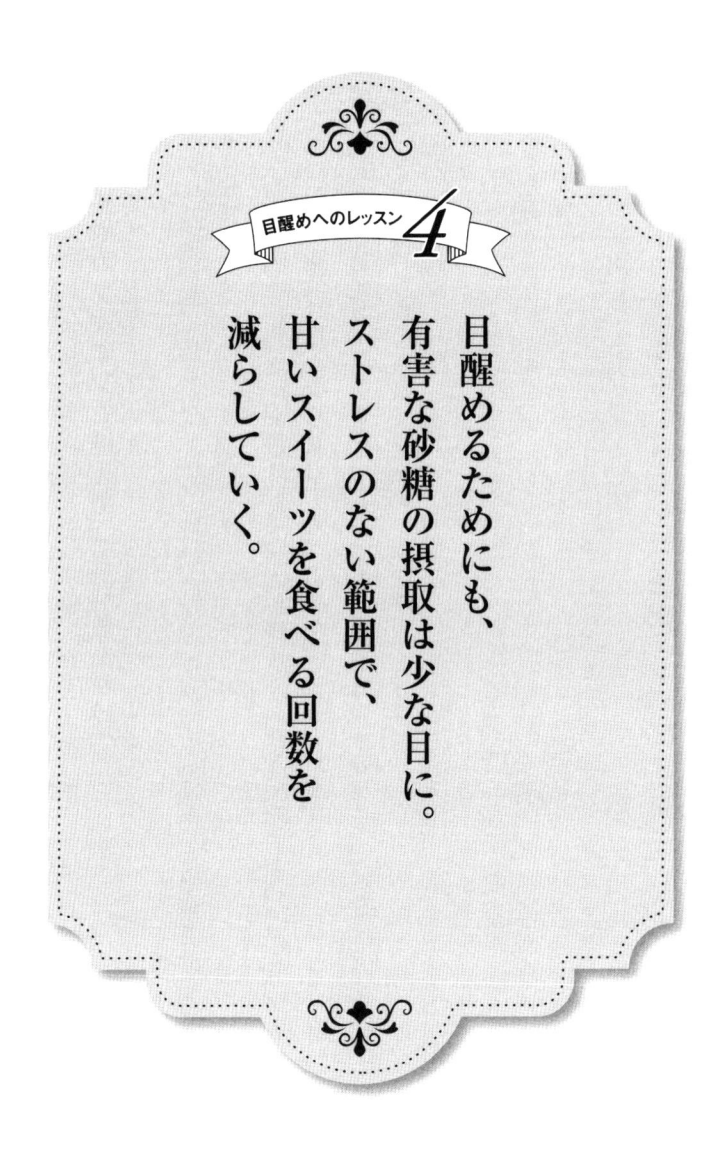

アルコールやカフェインも控えめな摂取を心がけて

アルコールも同様に依存性があり、感情のアップダウンや感情を麻痺させる原因になり得るものです。

けれども、砂糖と同様に、お酒が好きな人はアルコールを完全に断つというよりも、まずは、飲酒の回数や量を少し減らすように心がけてみましょう。

また、一般的な話になりますが、アルコールの摂取は脱水症状を引き起こしますので、飲むのであれば、お水も一緒に摂るよう心がけてください。

スイーツやアルコールなどの嗜好品《しこうひん》は、「美味しいものを少量いただく」、というのがベストと言えるでしょう。

カフェインに関しても同じことです。

神経を刺激するものはあまり摂らない方が望ましいのですが、それでもコーヒーなどがどうしても飲みたいという人なら、午後の3時くらいまでならカフェインは摂取しても構いません。

身体機能において副交感神経の働きがメインになってくる3時以降は、できるだけ避けるようにしてください。

もちろん、人によって感じ方はさまざまですが、リラックスできなくなって、寝つきや睡眠の質に悪影響を与えるのを防ぐためです。

目醒めへのレッスン5

アルコールやカフェインも
無理してカットするのではなく、
〝美味しいものを少量〟
いただくようにする。

水は良質なものをたっぷり摂る

毎日、良質な水をたっぷり摂るようにしてください。

水の分子は、高い波動を自分になじませてくれる作用もあり、自分と高い周波数をつないでくれる媒体でもあるのです。

つまり、高次の存在からのメッセージも水の分子を伝わり降りてくるので、水分不足だと上手くメッセージが受け取れないことになります。

特に、現代の食生活では身体がより酸性に傾きがちになるので、水を摂取するなら、酸性な状態を無効化する働きのあるアルカリイオン水がおすすめです。

でも、やはりベストなのは、大自然の中で採れる大地のエネルギーがたっぷり満ちた湧き水です。

パワースポットなど自然の中に出かける機会があるときは、湧き水がいただける場所を探してみるのもいいでしょう。

目醒めへのレッスン6

水の分子が
高次元と自分をつないでくれる
媒介になる。
良質な水やアルカリイオン水を
たっぷり摂って。

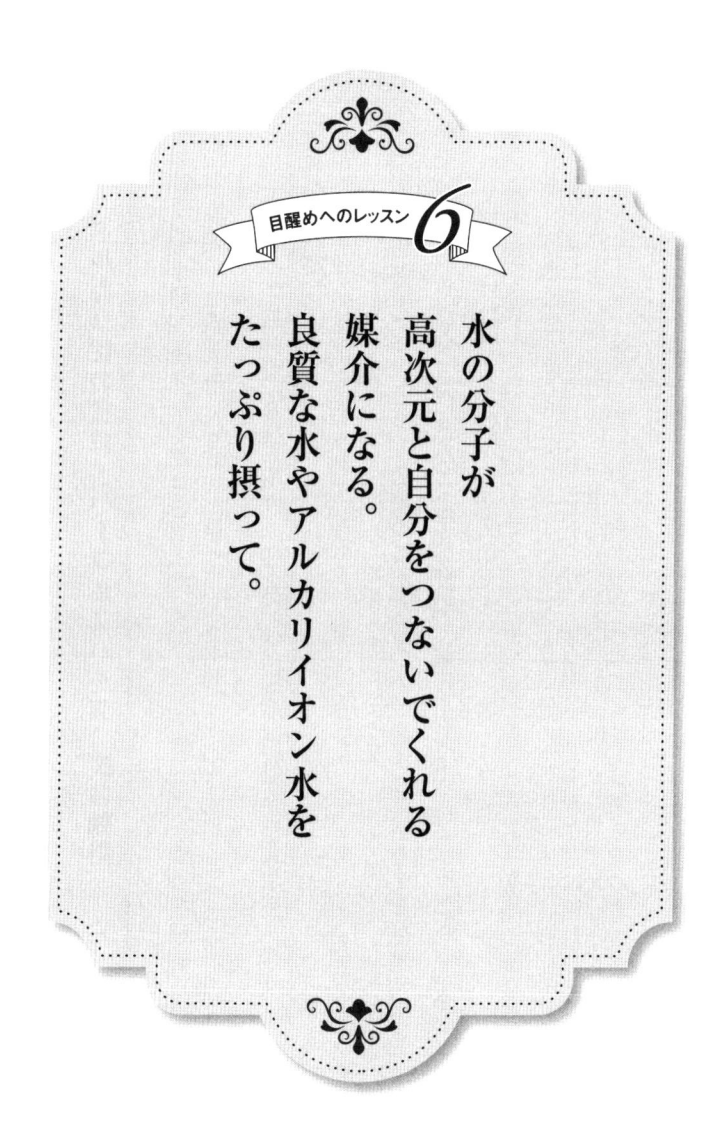

その他——アルカリ性の食材・ハーブ＆スパイス、炭の効用

酸性に傾いてしまいがちな食生活には、アルカリ性の食品や食材を加えることも大切です。

梅干しやお酢、クエン酸などアルカリ性食品は積極的に日々の食事やメニューに取り入れるといいでしょう。

塩分はある程度は身体にとって必要ではあるものの、やはり、摂りすぎは禁物です。そのためにもハーブやスパイスを上手に使って調理するようにしてみてください。味付けを塩分だけに頼らない工夫が大切です。

また、食品として身体に取り入れることのできる炭は、デトックスに優れた効果を発揮するツールにもなります。炭にはアンバランスなものや、ネガティブなエネルギーを吸収し排出する力があるのです。

目醒めへのレッスン 7

梅干し、お酢など
アルカリ性食品を積極的に摂取する。
ハーブやスパイスを上手く使って
塩分は控えめに。

定期的なファスティングで体質改善

アセンションに向けて、今まで身体に溜め込んできたネガティブな感情や思考のエネルギーを解消しておく必要があります。

そのためにおすすめしたい習慣の1つは、「ファスティング（断食）」です。月に1日でも身体を浄化しながらファスティングで体質改善を行うと、より光のエネルギーを取り入れやすい身体に変化していきます。

また、身体に不調を感じたら、ファスティングを行うのも効果的です。

ファスティングのやり方はいろいろありますが、水だけによるファスティングよりも、体質改善を促進する酵素ドリンクと組み合わせたファスティングがよいでしょう。

癒しの大天使ラファエルは、「食べない勇気を持ちなさい」と言いますが、僕たちはお腹が空いたから食べるというよりも、ついいつもの習慣や惰性で食事をしがちです。「ランチの時間だから食べないと！」とか「朝食は必ず摂るべき」などという決まり事はないので、その都度自分の身体に今、食事が必要かどうかを聞きながら、食べる習慣をつけてください。

また、心の空虚感を食べることで埋めようとしたり、「もったいないから残してはいけない！」とか「無駄にしてはいけない」などという思いから必要以上に食べてしまったりすることもありますね。でも、それよりも大事にしなければならないのは、他ならない、あなたの身体です。

大天使ラファエルは、「あなた方は食べすぎです。この光が降り注ぐ時代にあって、もはや、あなた方の身体を健全に保つために、それだけの食事の量は必要ではありません。なぜなら、あなた方は徐々にプラーナによる栄養摂取ができるように肉体の変容を遂げようとしているのですから」とも言っています。

実際に、これから準備の整った人たちから、徐々に食欲がなくなっていくことになるでしょう。

それは、人類にとって自然な進化のプロセスです。

目醒めへのレッスン8

定期的なファスティングで身体を浄化。目醒めが進んだ人から、食事の量が自然に減っていく。

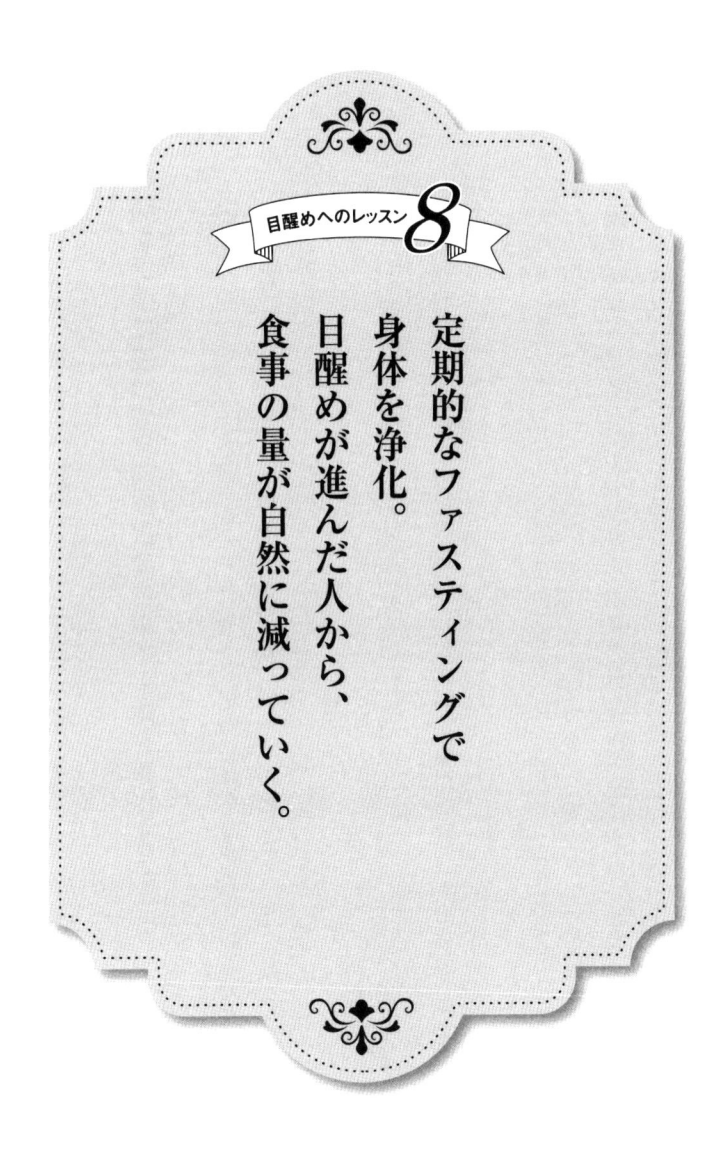

入浴　～バスタイム～

入浴の時間を上手に使って、肉体とエネルギー体を浄化する

シャワーを光のシャワーである、とイメージしながら心身を浄化していくのもおすすめですが、肉体の奥深くからのデトックスを考えたときに、やはり入浴による浄化はとてもパワフルです。

特に、日々の生活の中で人の念（凝り固まったネガティブな想い）や、低い次元のスピリットなどの霊的なエネルギーを受け取ってしまいがちな人は、入浴を通して身体の中に溜まった低い周波数のエネルギーを排出しておく必要があります。

そのために入浴剤として使いたいのが、「エプソムソルト（硫酸マグネシウム）」です。ミネラルが豊富なエプソムソルトをたっぷり入れたお風呂にゆっくりと浸かれば、身体が芯から温まり、たっぷりの汗とともに低次元のエネルギーは身体と精神から排

出されていきます。

また、疲れ（憑かれ）がひどいときには、天然塩（粗塩）と日本酒（清酒）を使うのもおすすめです。

天然塩を2つかみと清酒を1合ほどお風呂に入れて入浴してみてください。

「疲れたときは、憑かれたとき」ともいわれるように、「ちょっと疲れたな……」と思うときは、入浴で心身の浄化に意識を向けてみてください。

目醒めへのレッスン 9

入浴は心身を清める
強力なデトックス。
エプソムソルトで
低次元のエネルギーを
汗と一緒に流して。

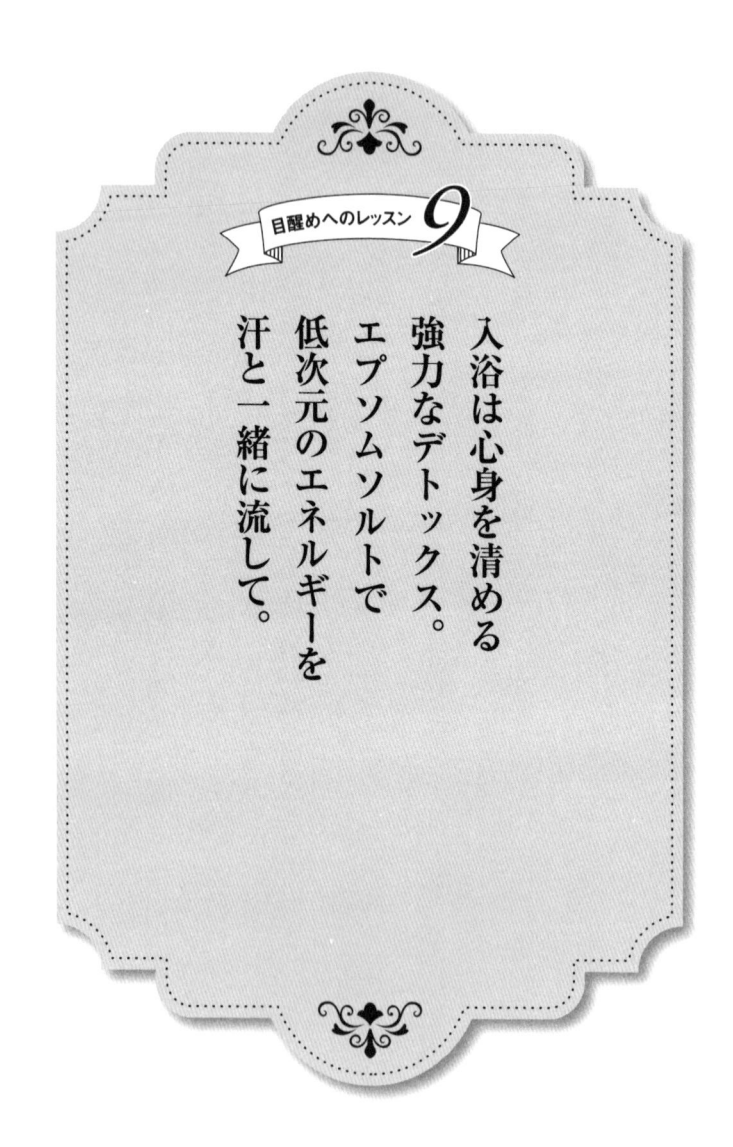

キャンドルの炎で自分とつながる

キャンドルの炎は、見つめているだけでも癒され浄化されます。

実は、キャンドルの光（炎）には、癒しと浄化の作用だけではなく、自分の魂・本質とつながる効果もあるのです。

ゆっくりできるときには、バスタイムにキャンドルを灯すことをおすすめします。

何も考えずに、ぼうっと炎を見つめているだけでも、癒しと浄化が起こるでしょう。

エプソムソルトで汗を流して心身をデトックス。
キャンドルの炎を見つめれば癒しと浄化も期待できる。

また、キャンドルの炎には集中力を喚起する力があります。炎を見つめながら実現したい願いや夢を思い浮かべて、夢が叶ったときの気分や感情に浸りながら、白昼夢を見るように想像(創造)していると、その想いは速やかに具現化するかもしれません。

目醒めへのレッスン10

キャンドルの炎には、
自分の本質とつながる効果がある。
炎を見つめながら夢を想像すると、
夢の創造につながる。

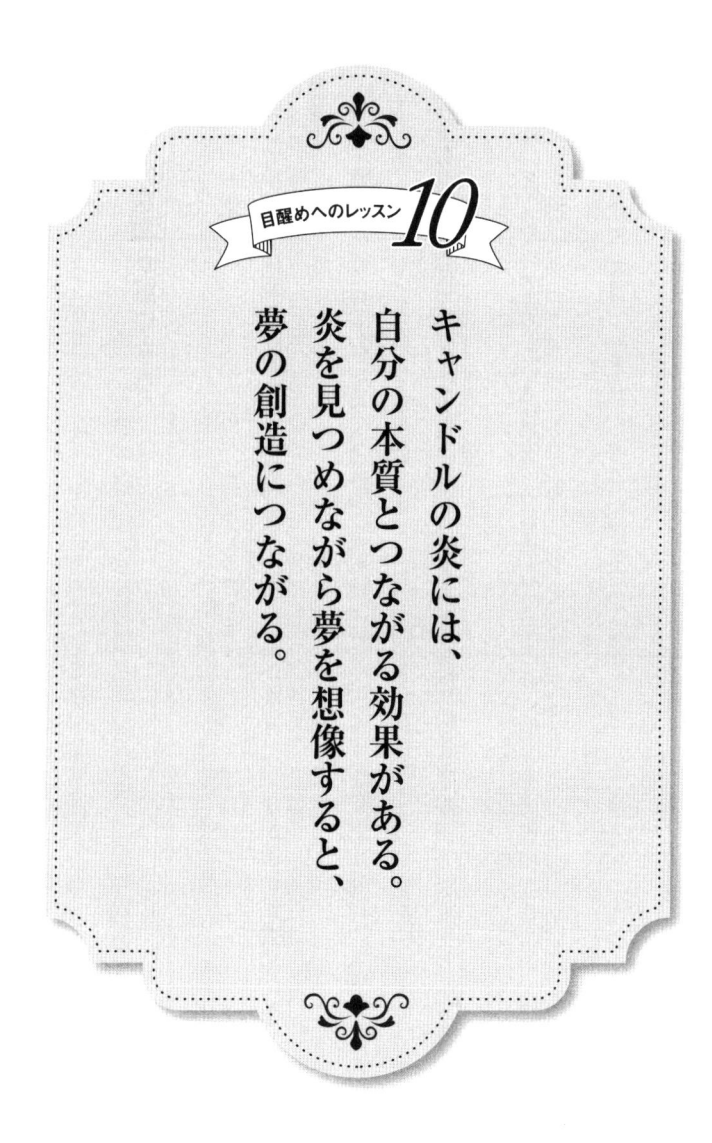

睡眠

眠る前の意識が鍵になる

誰もが、眠りにつくと別の次元に旅をしています。

そこで、眠ったあとに低い次元につながるか、高い次元につながるかが大切になってきます。

もし、高い次元につながることができれば、そこでヒーリングを受けたり、エネルギー・チャージができたりする他、未来に対する有益な情報を受け取ることもできるでしょう。

では、どうやって高い次元にアクセスするのかというと、その鍵になるのが、寝る前の意識です。

シンプルに言えば、心地良い気分に満たされて眠れば、高い次元につながり、そうでなければ反対になってしまうのです。

たとえば、昼間に起きた嫌な出来事のことで頭がいっぱいのまま寝てしまうと、低い次元につながってしまいます。

寝る前には、リラックスしていい気分で満たされるよう工夫しましょう。

そのためにも、できる限り気分良くいられる気持ちの良い環境をつくっておくのです。

たとえば、心地良い眠りを誘うアロマを使用したり、ベッドやシーツ、そして枕など自分にしっくりくる寝具にこだわったりするのもいいでしょう。

また、寝る前には意識がクリアになったり、気分が上がる本を読んだり、幸せな気持ちや、あたたかい気持ちになれる映画を見たりするのもおすすめです。

もちろん、ただイメージすることで良い気分になれるならそれでもいいのです。

つまり、「最高な気分！」という思いに浸って眠りにつければいいのです。

また、睡眠中は潜在意識につながりますが、寝る前の意識が、そのままダイレクトにその「場」に影響を与えることになります。

それはまるで、潜在意識という土壌に種を植えるようなものです。

つまり、ネガティブな気分で寝ればネガティブな種を、ポジティブな気分で寝ればポジティブな種を植えることになるのです。

そして、その種は僕たちが日中起きているときに発芽して、体験する現実にダイレクトに影響するのです。

ということは、毎日ポジティブな気分で眠れるのなら、現実はあっという間にポジティブな体験に満ちあふれることになるのです。

こうした習慣ができれば、人生は速やかに変化することになるでしょう。

そのためにも、毎日経験する「睡眠」をもっと大切にして、その質をできる限り高めていきたいものですね。

「睡眠を制する者が人生を制する」、と言っても過言ではないのですから。

眠る前にクリスタルボディをイメージするワーク

睡眠前には、睡眠中につながる潜在意識をできる限りクリアにしておきましょう。

そのためにおすすめなのが、「眠る前にクリスタルボディになる」ワークです。


眠る前に、イメージの中で自分自身がクリスタルでできた身体になった姿を思い描いてみましょう。

クリスタルのボディによどみはありませんか？

もし、日中に感じたネガティブな感情がべったりと身体についていたら、洗い流してしまいましょう。


虹のシャワーが頭上に勢いよく降り注がれていることをイメージしてみてください。

そして、クリスタルの身体の内側も外側も完全にクリアで透明になるまでしっかり浄化を行いましょう。

最後に虹のシャワーから出て、前から後ろに吹き抜けていく光の風に濡れた身体を乾かして、ピッカピカのクリスタルにレインボーが入るのをイメージします。

最後に深呼吸をして終わりましょう。

寝る前にはクリスタルのボディになった自分をイメージして
潜在意識をクリアに。

目醒めへのレッスン 11

睡眠中は、別の次元とアクセスしている時間。より高次元とつながれるように、寝る前の意識を整えて。

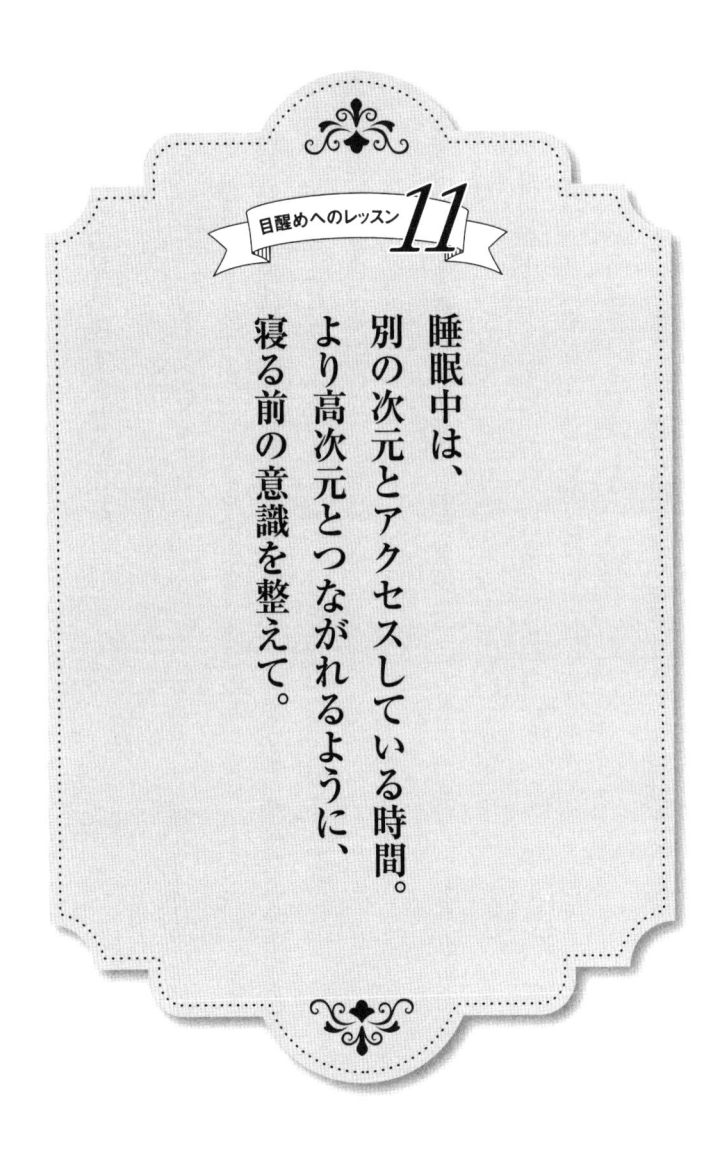

夢日記はのめり込みすぎないこと

「夢日記はつけた方がいいですよね？」

とよく聞かれるのですが、僕は要点のみをメモする程度がベストだと思います。というのも、夢日記をつけることに夢中になってしまうと、潜在意識の情報を掘り起こし過ぎてしまうことがあり、人によっては夢の情報に圧倒されて精神的に参ってしまう場合もあるのです。

そこで、夢日記というよりは夢の中に登場していた人や出来事、言葉や感情など、印象に残ったものだけをメモするくらいがちょうどいいでしょう。

たとえば、夢の中で誰かに言われた言葉が妙に引っかかったり、印象に残っていたりするとします。その場合、それらを書き留めておくのです。

そして、その言葉を日々意識しながら過ごしていると、あるとき、「あの夢は、このことだったんだ！」とわかるような出来事が起きたりして、その意味を理解するのです。

そんな、「夢のキーワード」たちを中心にメモしておいてください。

夢には「雑夢」と「霊夢」に大別され、前者は特にメッセージとしては意味のないものですが、それでも日常の記憶の整理や感情の解放を行います。

そして後者が、いわゆる大切なメッセージを送ってくれる夢です。

このタイプの夢は簡単に忘れないだけでなく、その一部だけでも強く印象に残るので、それらを記録しておけばいいのです。

このようにして、夢と上手にコミュニケーションを取りながら、人生をさらに豊かにしていきましょう。

目醒めへのレッスン12

夢日記は、キーワードを
メモする程度でＯＫ。
夢からのメッセージを
上手く活用できれば、人生はより輝く。

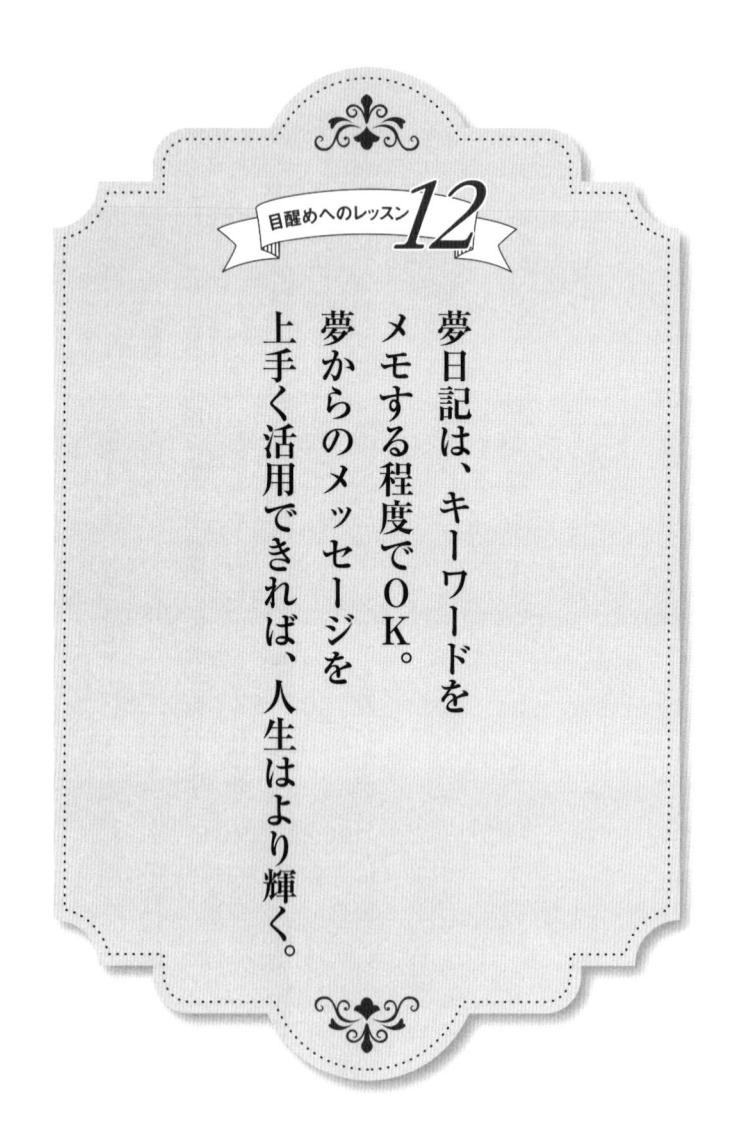

住環境

断捨離して空間を浄化

空間の浄化とアセンションは、密接につながっています。

アセンションに向けて、葛藤を手放していくことは重要ですが、実は、葛藤の原因が〝モノそのもの〟であることもあります。

そこで、自分の持ち物を見渡して、今後の人生に何が必要で何が必要でないのかを吟味し、必要でないモノは思いきって手放すことが大切になってきます。

早速、洋服や雑貨からキッチン道具に至るまで、すべての持ち物を見直してみましょう。

内面が乱れていれば、当然外面も乱れることになります。

それは、エネルギーは相互交流しているからです。

だからこそ、部屋がごちゃごちゃしている人は、必要ないものや、もう今の自分には合わないと感じるものを処分することで、内面もシンプルにしていきましょう。

アセンションとは、どこまでもシンプルになっていくことでもあるのです。

また、キレイになった空間には、その場の浄化を促す炭をインテリアに置くのもおすすめです。

炭は、もともと木からできていて、太陽や星などから放たれる天からのエネルギーや、土に含まれる自然界のミネラル等をたっぷりと含んだパワフルなアイテムです。

目醒めへのレッスン13

アセンションに向けて、
必要ないものを整理整頓。
自分の外側も内側も
シンプルにしながら、
葛藤を減らしていく。

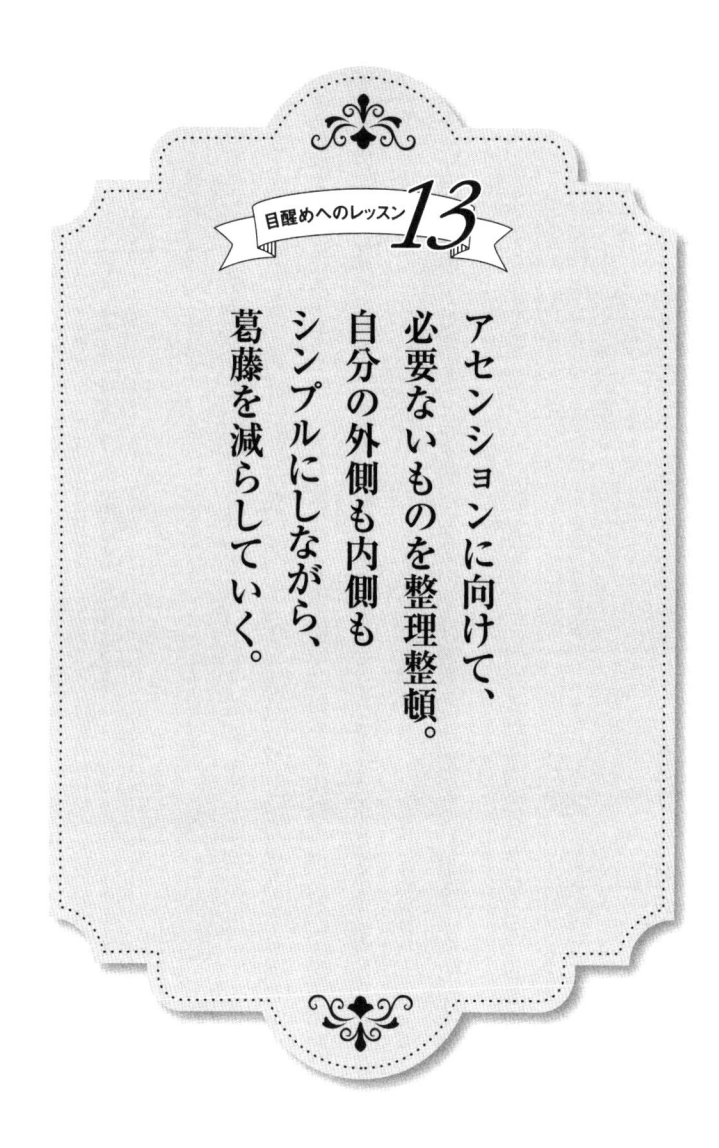

季節の変わり目のエネルギーの変化を利用する

でも、断捨離をいつ、どのように行えばよいのかわからない。

断捨離をしようと思っても、何かと理由をつけて先延ばしにしがち。

そんな人は、エネルギーが大きく変化する季節の変わり目に行うのがおすすめです。

四季のある日本では春分や秋分、夏至、冬至という大きくエネルギーが動くタイミングがあります。

そんな時期に整理整頓をして、新たな高い周波数を受け取る受け皿を大きくすると、変化の波にしっかり乗っていけるのです。

ちなみに、断捨離をするときには、大天使ジョフィエル（美の大天使）にサポートを求めるといいでしょう。

大天使ジョフィエルなら僕たちの思考をクリアにし、どこから片付け始めればよいか、どう動くとよいかなど、クリアリングに関して、さまざまなアドバイスやインスピレーションを与えてくれるはずです。

また、エネルギーの流れを整えることにも長《た》けているので、どこに何を置くとよいか、何を手放すとよいかなどに関しても、適切なアクションを促してくれるでしょう。

彼女と共にワークすることで、あなたの断捨離は何倍も加速するはずです。

もちろん、サポートを求めたら、感謝の気持ちも忘れずに。

目醒めへのレッスン14

断捨離は、
エネルギーが大きく変化する
季節の変わり目に行うと、
変化の波に乗っていける！

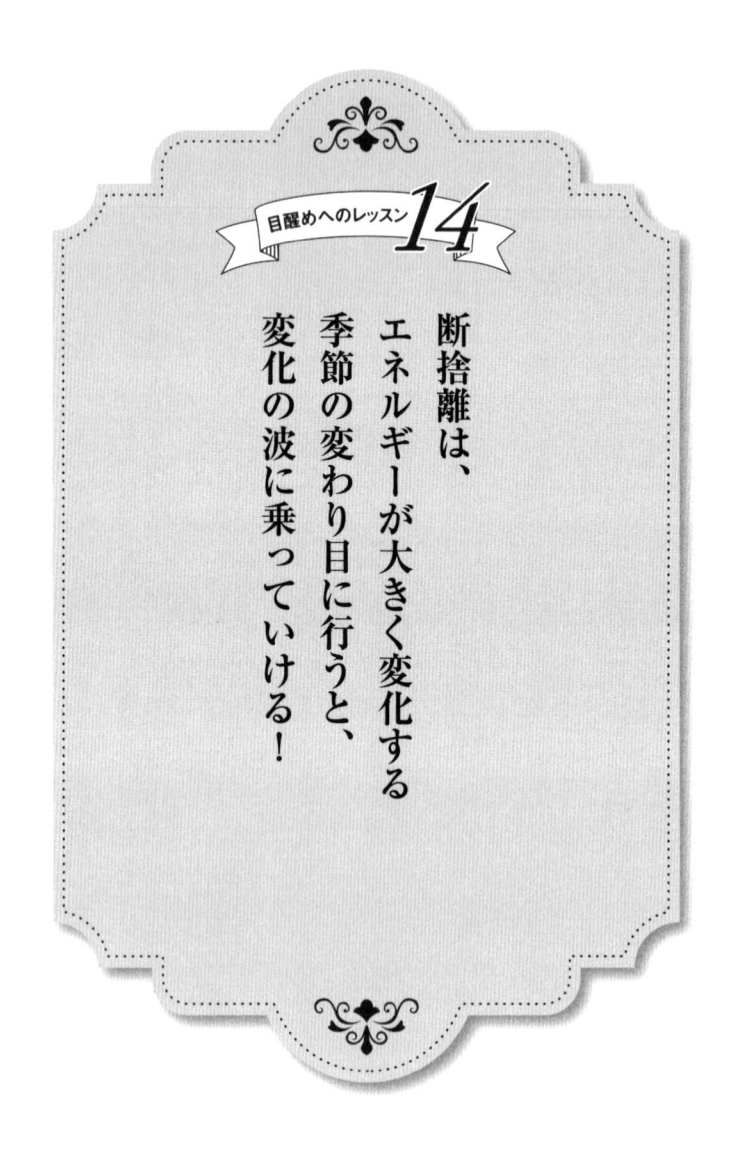

アセンションカラーをインテリアに取り入れて

生活の中で何気なく使用している色にも、それぞれ特定の周波数と特性があります。そこで、アセンションに向けて断捨離を進める中で、宇宙の叡智を表すさまざまなカラーを部屋のインテリアに取り入れて、さらに波動を上げる工夫をしてみましょう。

たとえば、パープル、ロイヤルブルー、ピンク（またはベビーピンク）、ゴールド、ホワイトゴールド、ゴールデンオレンジ、プラチナシルバー、ピュアホワイトは宇宙の愛と光を表現する叡智の色です。

部屋のソファーやカーテン、クッションなどのインテリアに、これらのアセンションカラーを使うのもおすすめです。

アセンションカラーを暮らしの中に上手く取り入れることは部屋の波動を上げるだけでなく、そこにいる人々が本来持っている高いエッセンスを刺激して活性化することにもつながります。

目醒めへのレッスン15

色にも特定の周波数や特性がある。
アセンションカラーを上手く
生活の中に取り入れて、
波動を上げていく。

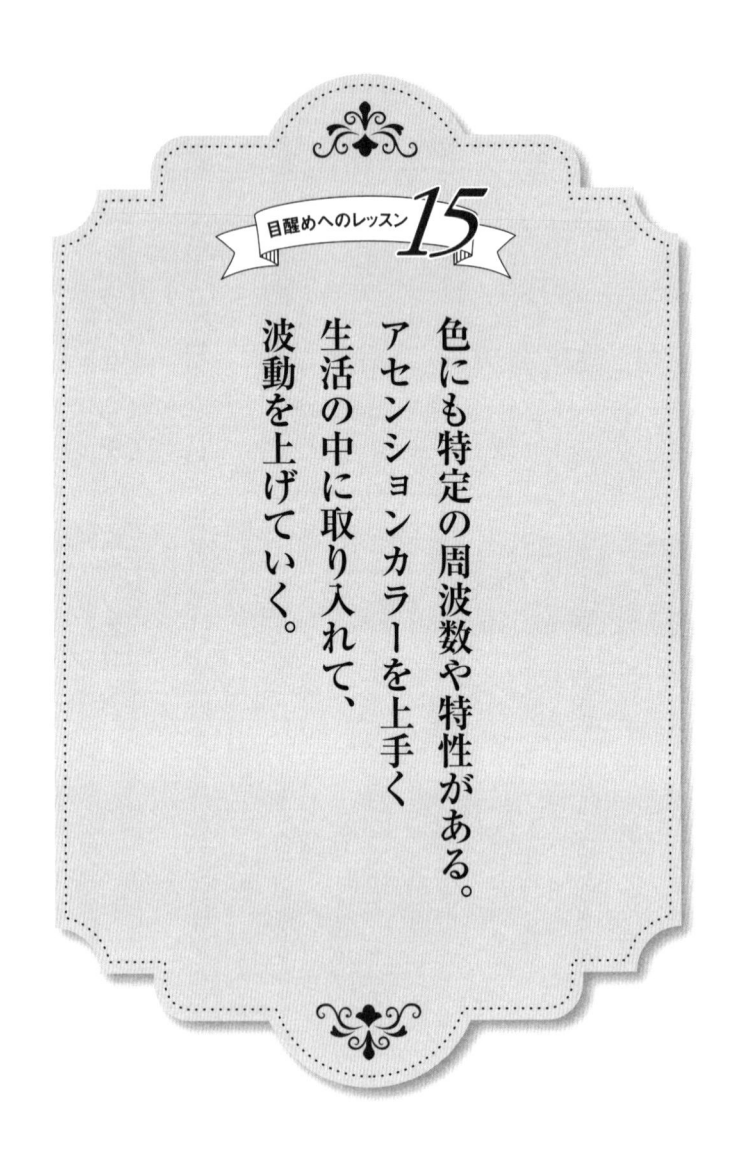

アウトドア環境

ウォーキングでエネルギーを循環

高いエネルギーが降り注いでいる今こそ、身体を動かしてエネルギーが滞らないように循環させておきましょう。

身体の不調は、いわば「エネルギーが循環できていない」ことから起きるものです。そこで、自己流でも構わないので軽い運動やストレッチなどをして、できるだけ身体を柔らかくしておくことで、身体のエネルギーをスムーズに流すようにしましょう。

とはいえ、激しい運動は腰や膝などにかえって大きな負担をかけてしまい、後で身体に支障を起こすことも多いのであまりおすすめしません。

その代わりに、好きな音楽をかけながら、リズムを取るように身体を揺らしているだけでも運動になります。運動を難しいものと考えず、もっと気楽に捉えて楽しみながら行ってみてください。

身体のことを考えると、ランニングよりもウォーキングの方がおすすめだったりします。

運動量としては1日に15～30分ほど早歩きをするくらいの運動量がちょうどよいので、日々の習慣にウォーキングを取り入れたり、通勤時に一駅分歩いたりなど歩く習慣をつけるのもいいでしょう。

目醒めへのレッスン16

体調不良は、
身体にエネルギーが滞ってしまうから。
軽い運動やウォーキングで、
常にエネルギーを循環させておく。

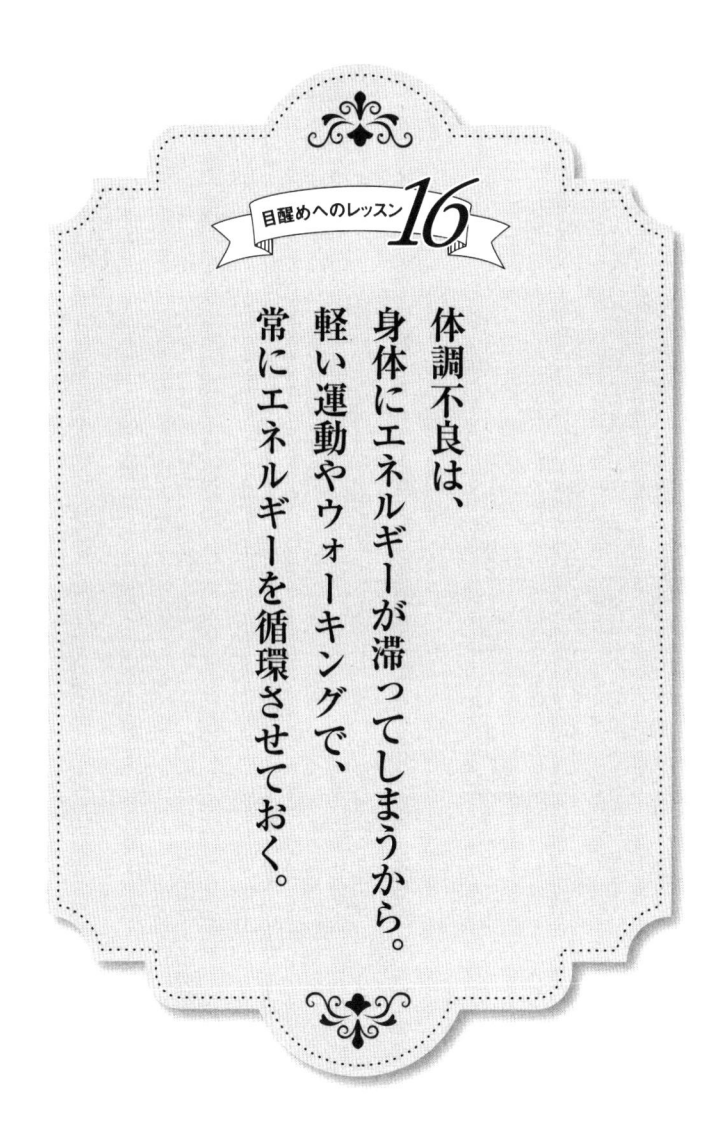

太陽の光を浴びる

これから地球が5次元へと移行する過程において、人間の身体を構成する要素にも変化が起きています。

それは、現在の炭素ベースの身体からクリスタルの組成である珪素ベースの身体への変化です。

そのために、肉体がエネルギーの変化についていけず、原因不明の体調不良や病気を訴える人も多いのですが、そんなときこそ、良質のお水をたっぷりと摂るようにしてください。

水が高い周波数のエネルギーと肉体の間のバランスを取ってくれるでしょう。

今後、珪素ベースのクリスタルの性質を帯びた身体になることで、今よりもっと光を集めて吸収できる身体に変容すると、さらに加速して覚醒へと導かれるでしょう。

もちろん、僕たちがクリスタルそのものになるわけではありませんが、肉体を構成する要素がより細やかで軽やかな密度になるので、見た目にも明らかに透明感が増していくのがわかるでしょう。

ところで、覚醒を促すエネルギーはグレートセントラルサン（宇宙の源）から放射されています。

このエネルギーは現在、太陽を中継地点として人類が受け入れやすいエネルギーに調整・変換されて地球に降り注いでいます。

そこで、太陽の光を浴びて、このエネルギーをたっぷりと受け取るようにしましょう。

たとえば、朝日が昇る時間と太陽が沈む夕日の時間帯には、戸外で全身に太陽の光を浴びるのがおすすめです。でも、太陽の光を長時間浴びるのは身体に害にもなるので、1日に10分程度で十分です。

太陽の光は、できれば外で浴びるのがベストですが、自宅であればベランダや窓際などで行ってもOKです。

また、太陽の光を浴びる際には、第三の目（松果体）を意識してみましょう。

第三の目の場所は、眉間から奥に入ってちょうど頭の中心あたりにある、小指の先くらいの大きさの松ぼっくりのような形をした霊的センターです。

人間の身体において霊的覚醒を促す最も重要なセンターの1つである松果体には、「神のマスター細胞（シグネチャー・セル）」と呼ばれる、人間が神であったときの記憶（神性）がコード化され、封印されています。

この部分が活性化すると、僕たちの意識に目醒めのシグナルが放出され、これまでの眠っていた状態から目醒めるための準備がはじまるのです。

太陽の光を浴びるワーク

朝日、もしくは夕日に向かって立ち、軽く目を閉じて、深呼吸をしながら太陽光線が第三の目（眉間）から入ってくるのをイメージしましょう。

その際には、太陽光線を「覚醒を促すフォトンの光＝ダイヤモンドのようなキラキラとした光の粒子」としてイメージし、その光が太陽から一筋の光線となって眉間を貫き、脳の中心あたりにある松果体に届き、そこに光がぐんぐん吸収されていくのをイメージしてみてください。

このワークを日々行っていくうちに、意識がクリアになるだけでなく、直感も鋭くなっていくのがわかるでしょう。

このトレーニングは、確実にあなたの波動を上げ、意識の変容を促してくれます。

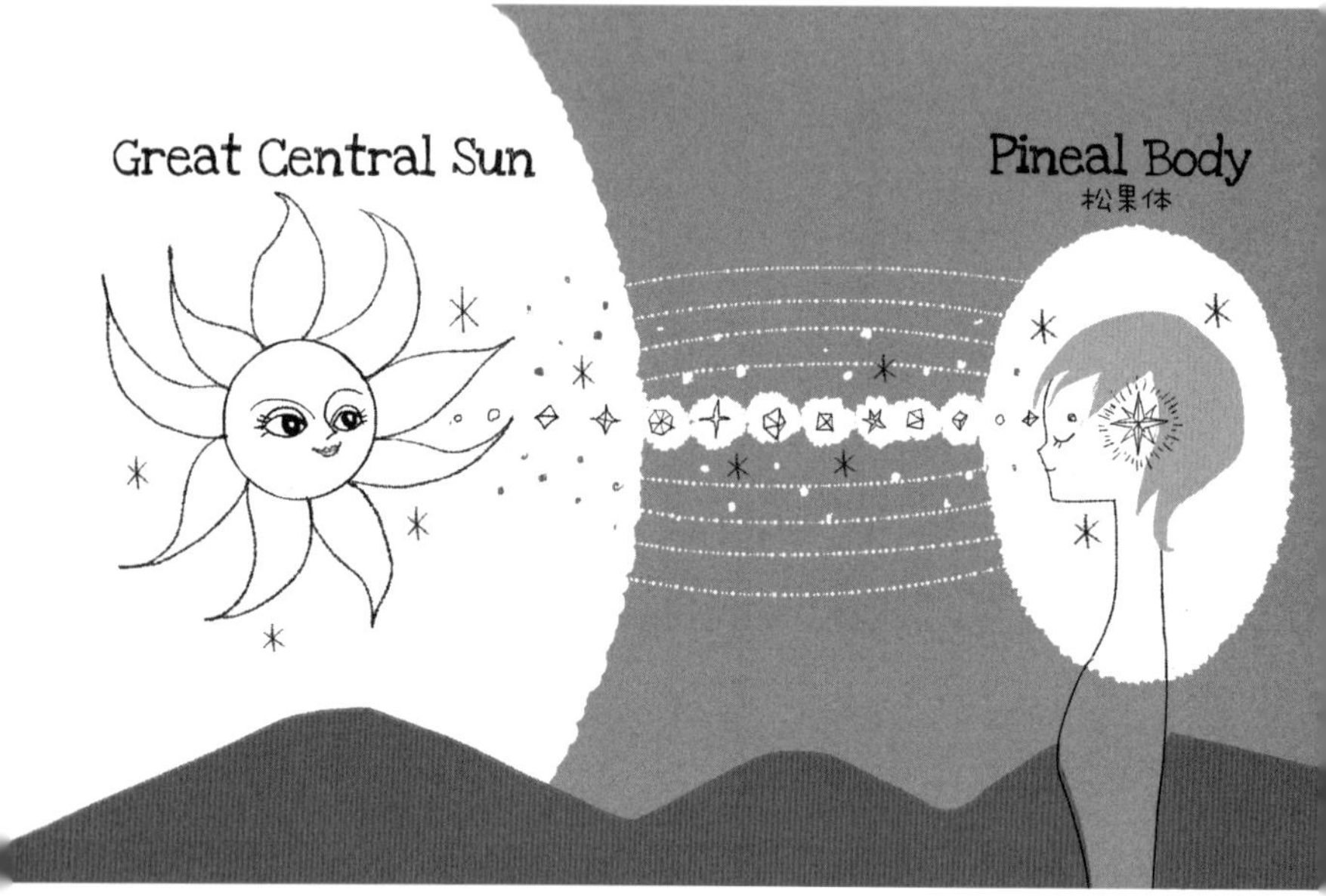

太陽光線が松果体に届いて光が吸収されるイメージで意識の変容を促す。

目醒めへのレッスン17

人間の身体は炭素ベースから
珪素ベースへ移行中。
太陽の光を浴びて、
光を集める身体づくりの
準備をしておく。

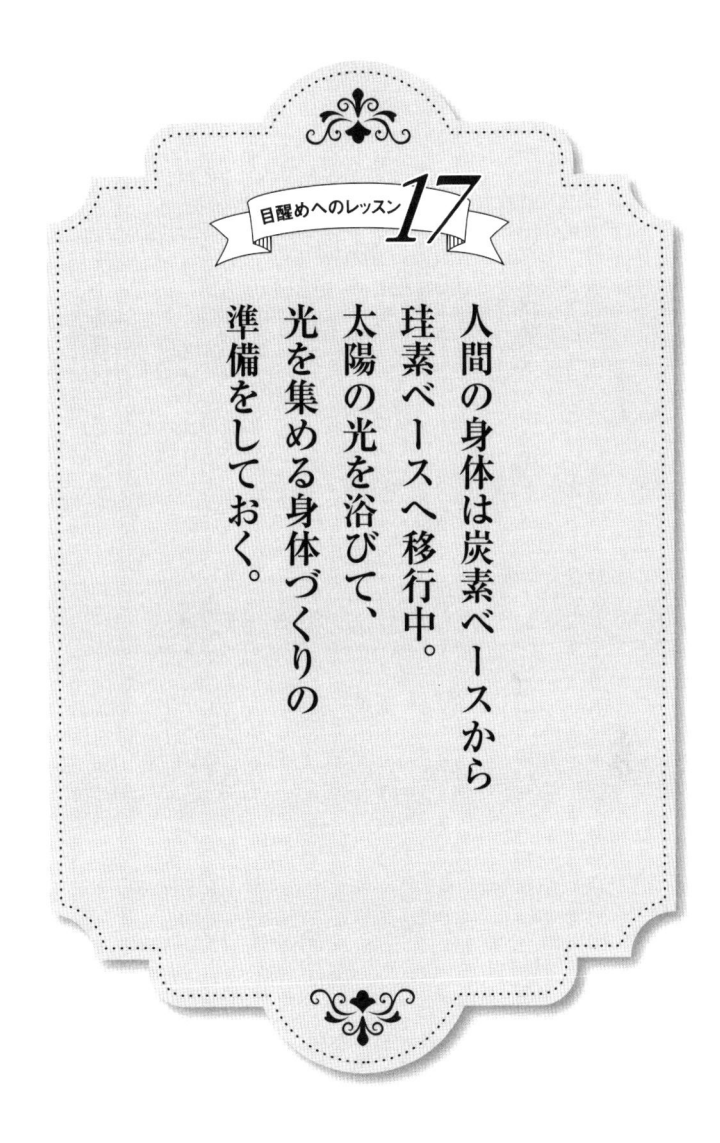

星からのサポートを受ける

今、地球上に生きている人間の中で、純粋な地球人はいないと言ってもいいでしょう。ほとんどの地球人はベガ、オリオン、プレアデス、シリウス、アンドロメダなどさまざまな星や惑星からやって来ているのです。

そして今、地球がアセンションを迎えるにあたって、僕たちの故郷でもある星々から応援とサポートのエネルギーが送られてきているのです。

そこで、自分の故郷の星や惑星とコンタクトを取ることで、目醒めやアセンションをサポートしてくれるエネルギーを受け取り、自らを覚醒させていきましょう。

地球がこれから本格的な宇宙時代を迎えるにあたって、「僕たちは宇宙の一員である」と意識しながら生きていくことは、とても大切です。

故郷の星や惑星とつながるワーク

このワークをするにあたり、あなたは、自分がどこの星から来たのかを知る必要はありません。

ただ、夜空の星（もちろん、昼間の空でも構いません）を見上げて、自分と縁のある星や惑星に向かって話しかけるのです。

「私に応援とサポートのエネルギーを送ってください。ありがとう！」と声に出すか、心の中でメッセージを発信すればいいのです。

夜空が曇っていたり、天気が悪くて星がでていなかったりしても大丈夫です。

すると、あなたの故郷からシャワーのようにエネルギーが送られてくるでしょう。

このエネルギーは愛と調和のエネルギーそのものなので、落ち込んでいるときは元気になり、孤独を感じているのなら、「自分は決して一人なんかじゃない」と思えたりするはずです。

また、もし、あなたに彼らとコンタクトを取りたい意志があるなら、「私には、あなた方とコンタクトを取る準備ができているので、どうぞ姿を見せてください。コンタクトを取ってきてください！」と声に出すか、心の中で宇宙のファミリーたちにテレパシーを送るのもよいでしょう。

すると、夢の中でコンタクトがはじまったり、宇宙船を目撃したりするようになるかもしれません。

夜空の星とつながって、宇宙のファミリーとコミュニケーションを取れば意識も拡大する。

目醒めへのレッスン18

宇宙時代に向けて、
宇宙の一員であることを意識する。
故郷の星や惑星とつながれば、
さらに覚醒も促進。

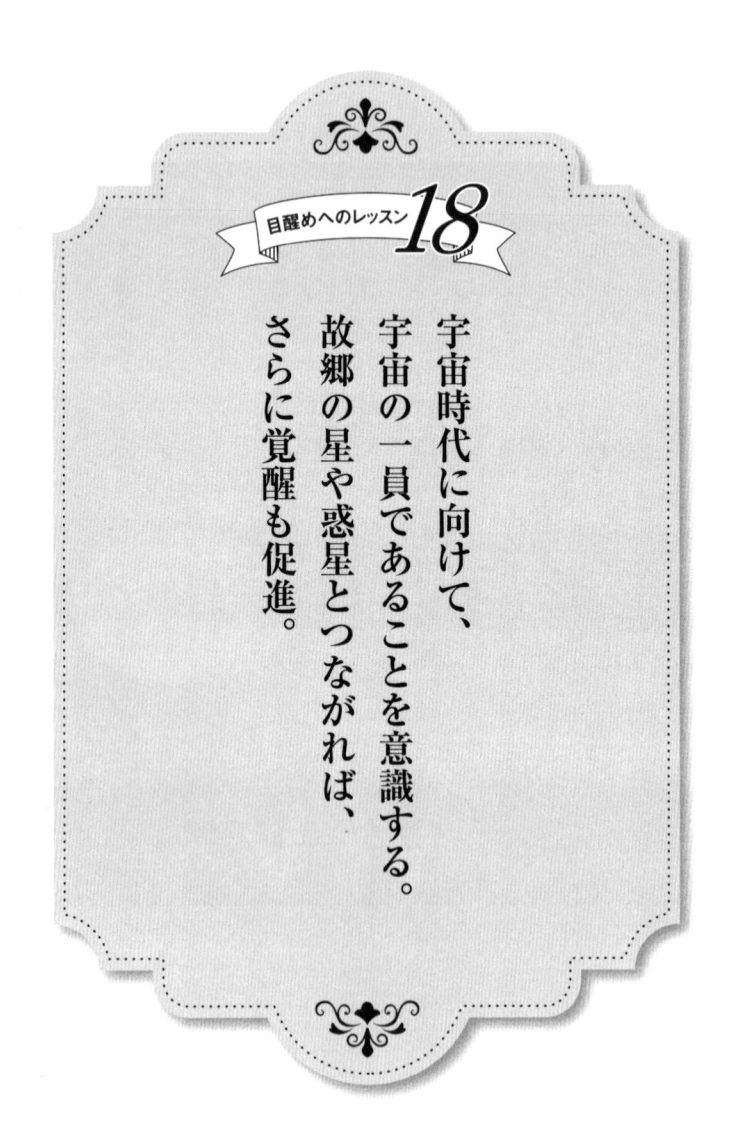

パワースポットは気持ち良い場所かどうかを見極めて

自然の中へ出かけて大地のエネルギーとつながることは、波動を上げる最もシンプルな方法の1つです。

では、「パワースポットと呼ばれる場所だったら、どこでもいいの？」と聞かれると、そういうわけではありません。

実は、「このパワースポットはすごい！」といわれるような有名な場所でも、今ではそこを求めて来る人たちのエゴや欲望にまみれてしまった所もあり、それほどパワーを感じられない場所も多いのです。

本来のパワースポットとは、そこを訪れる人の波動を大きく変えるほど強い磁場を持っている場所です。

そこを訪れる人の意識や物の見方、捉え方、言動を変え、ひいてはその人の現実さえも変えられるほど、大きな影響力を持っている場所なのです。

その場所があなたにとってのパワースポットかどうかを見極めるには、自分の感覚や直感を信頼するしかありません。

言い方を換えると、あなたがその場所で、「気持ちがいいな……。心地いいな……」と感じられ、スッキリ、軽やかになれるかどうかがポイントです。

パワースポットと呼ばれる有名な場所でも、あなたには合わない場所もあるかもしれません。

また、たとえ近所の小さな公園であったとしても、あなたが癒されたり、元気になれたりする場所なら、そこがあなたにとってのパワースポットなのです。

パワースポットは人の意見に惑わされるのではなく、自分の感覚を通して、あなただけのマイ・パワースポットを見つけるようにしましょう。

目醒めへのレッスン19

その場所が
パワースポットであるかどうかは
あなた次第。
直感を大切に、あなただけの
〝マイ・パワースポット〟を見つけて。

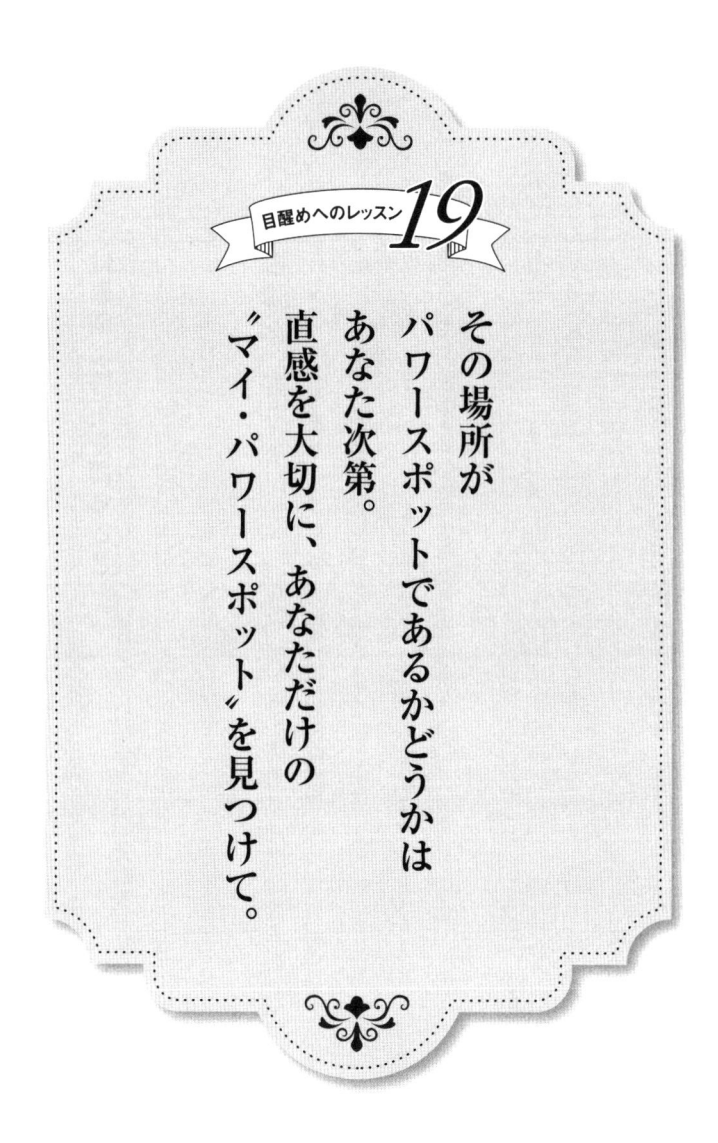

自然との交流は事前に許可を得ること

自然と親しむことは、自然と触れ合いながら地球のエネルギーを吸収することにつながります。

たとえば、大きな樹木に触れたり、ハグ（抱きつく）をしたりすることで自然のパワーを取り入れるようなワークもありますが、その場合には、事前に「触ってもいいですか？ハグをしてもいいですか？」と樹木に許可を取るようにしてください。

というのも、樹木の方から「こっちにおいで！」と誘ってくれることもあるのですが、中には、そのようなことを望まない樹木もあるからです。

「許可を得る」には、心の中で直接その樹木に訊ねるだけで大丈夫です。

そして、どんな反応が返ってくるか、深呼吸をしながら心を静めて待ちます。

何となくいい感じや暖かい感じがしたり、スッキリして呼吸が深く吸えるような感覚を感じたりしたら、それは樹木からのＯＫのサインです。

もし、反対の感覚がやって来たら、お礼を言って他の樹木にトライしてみましょう。

そして、許可が出たなら、「触れるね！」と言って樹木との交流を楽しみましょう。

そうすることで、その樹木の性質にもよりますが、癒しやエネルギーの活性化、そして樹木の保持する地球や宇宙の叡智を受け取ることができるのです。

樹木は深い叡智を持った存在ですが、同時に世界中の樹木たちとのネットワークでつながって活発な情報交換も行っています。

樹木とつながることで、今この地球で何が起きているのかということや、地球の歴史についても仲良くなればなるほどに、いろいろなことを話してくれるはずです。

交流が終わったら、「ありがとう！」という感謝の気持ちを伝えることを忘れないでください。

また、草花などが茂った自然の多い場所に入る際に、言葉もかけずにズカズカと入っていく人もいますが、自然の多い場所ほど自然界の精霊やフェアリー（妖精）たちも多く存在しています。

彼らが住んでいる場所に何の許可もなく入ることで、無意識のうちに彼らを踏みつぶしていることもあるのです。

自然界の精霊や妖精たちは、そんな人間の行為に傷つくことはありませんが、それでも、人間の世界に近いところに住んでいる彼らにはちょっとした自我もあり、そうした行為に腹を立てることもあります。


物語の中で、妖精はイタズラ好きなどとよく書かれていたりしますが、それは、人間が彼らに対する礼を欠いていることが原因です。

ですから、自然の多い場所に入るときには、一言「入らせてね！」と声をかけるようにしてみてください。

すると、彼らはサッと退いてくれるはずです。そして、そんな心遣いのできる人間を好きになってくれるのです。


また、妖精や自然霊たちは、身体は小さくても宇宙という大きなエネルギーともつながり、具現化をするパワフルな力を持っています。

そんな彼らと仲良くなると、望みを叶えてくれるサポートもしてくれるでしょう。

もし、あなたが彼らと仲良くなれたと感じたなら、自分の夢や願望について、心の中で話しかけて彼らにサポートをお願いしてみてください。

そして感謝の気持ちを伝えたら、後はどんな変化があるかワクワクしながら待っていましょう。

精霊や妖精たちは、知恵も叡智も兼ね備えた小さな神々とも言える存在なのです。

大地とつながり、ネガティブな感情や思考、カルマを解放するワーク

負の感情や思考、ネガティブなカルマと呼ばれるエネルギーは、主に背中、細かく言えば脊柱に溜まる傾向があります。

そこで、自然の中に出かけたら、大地の上で仰向けになって深呼吸をしながら背中に意識を向けてみましょう。

背中に溜まったネガティブなエネルギーを黒い煙のようなものだとイメージしてください。

そして、それが吐く息とともに大地にどんどん吸い込まれて、地球の中心へと流れ込んでいくのを感じてみてください。

地球の中心は高い波動で維持されていて、ネガティブな波動をポジティブなものに変換（浄化）できるので、安心して流してＯＫです。

今度は息を吸いながら、地面から背中に向けて真っ白い色をしたパワフルな大地のエネルギーが入ってくるのをイメージしてみましょう。

直感で「もう大丈夫！」と感じたら、地球にお礼を言って終了です。

背中から全身が軽くなるだけでなく、エネルギーも充実してグラウンディングできたことが感じられるはずです。

大地に仰向けになって、背中に溜まったネガティブなエネルギーをポジティブに変換。

目醒めへのレッスン20

自然と親しむと、
樹木など自然からの叡智も
受け取れる。
妖精や自然霊たちは
願望も叶えてくれる小さな神々。

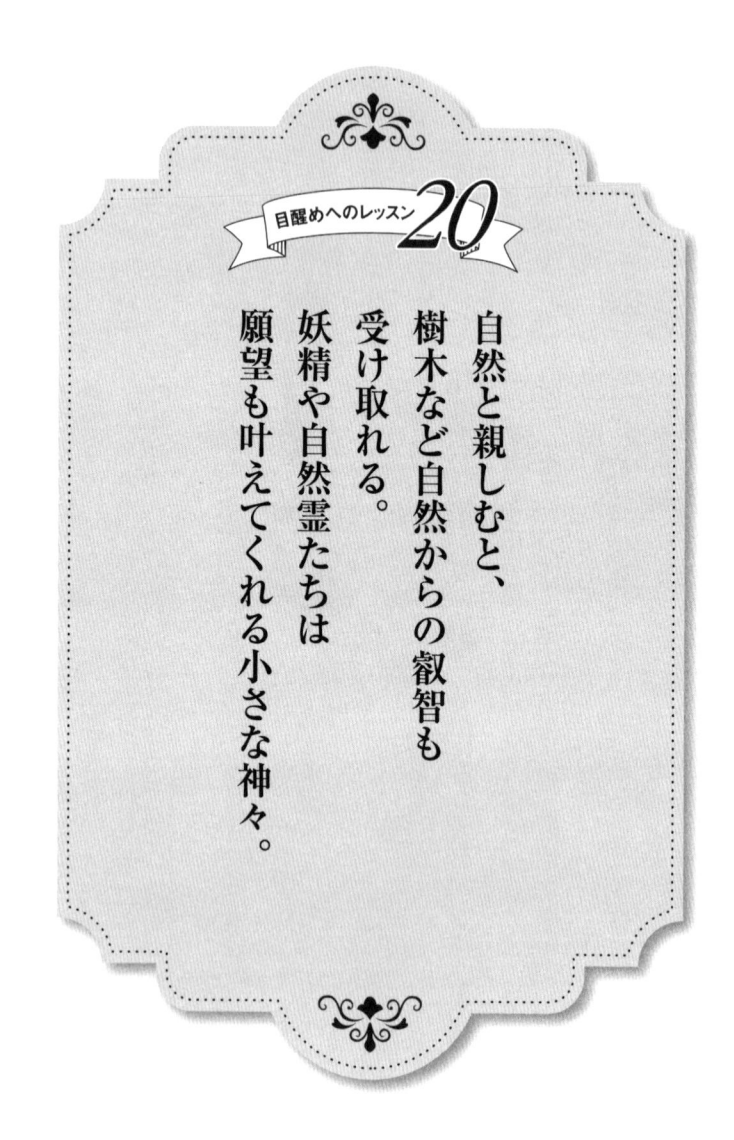

第５章

生き方をシフトさせて
アセンションの
準備をする

アセンションに向けて、光の存在であることを憶い出したい！

そう思っていても、現実の世界で生きていると、日常生活で直面する問題に立ち止まったり、悩んだりしてしまうものです。

さらには、「目醒めたい！」という気持ちだけはあるのに、心と身体のコンディションがついていかない、というのもこの次元ならではの悩みだったりします。

こんなふうに、物理次元と呼ばれる世界に生きていると、目醒めへの理想と目の前の現実とのギャップに葛藤を覚えることもしばしばです。

そんなときこそ、この次元の社会の常識や固定観念から離れて、生きていく上で直面する問題に対する捉え方をシフトさせて、目醒めへの一歩を踏み出しましょう。

また、そうするためにも、心と身体の状態を整えておくことが役に立ちます。

主人公であるあなたが心を決めれば、いつからでも、どこからでも新しく生まれ変わり目醒めへと加速していけるのです。

妬みも嫉妬もなくなるのがアセンション時代の恋愛スタイル

「ＬＩＮＥの既読がついているのに、返事が来ない！」

「彼氏に浮気をされてしまった。もう別れるべき？」


誰もが恋愛中には、ほんの些細《ささい》なことで一喜一憂しているのではないでしょうか。

また、その人にとって恋愛が人生のすべてになってしまうと、何かの出来事がきっかけでどっと落ち込んだり、他のことが手につかなくなったりと感情が不安定になる人が多いものです。

いってみれば、人は恋愛をしていると、多かれ少なかれ恋愛に振り回されていると言っても過言ではありません。

でも、そんなこれまでの恋愛のスタイルも、新たな時代には終わりを告げることになります。

これからの時代は、もう今までのような〝すったもんだ〟の恋愛ドラマに翻弄されることはなくなるでしょう。

というのも、目を醒ましていけばいくほどに「一人でも十分に満たされている自分」になるので、「他の誰かに自分を満たしてもらいたい」とか「私だけを愛してほしい」、という意識が薄れていくのです。

満たされている自分になるというのは、自分がすでに「愛そのもの」であることに気づいていることです。

人は自分が愛そのものであることを自覚できると、もはや、「愛されたい！」という思いすら湧いてこないのです。

また、自分で自分のことを幸せにできるので、相手に「私のことを幸せにして！」と求める気持ちもなくなります。

恋愛関係において、人は自分が愛されていると認識できたときにはじめて、自分という存在が完璧になれるとどこかで信じているのです。

でも、自分が愛そのもので完璧であることがわかると、もう、相手に愛を強要することはなくなります。


とはいっても、これからの世界においても、恋愛自体がなくなるわけではありません。今後は、お互いが本当の意味で自立したパートナーシップが生まれるのです。

特に、今後は「すべてがつながっている」というワンネスの意識を体感できるようになるので、いい意味で相手を束縛したり、嫉妬したりすることもなくなります。


たとえば、お互いがつながっていることを信頼できると、相手のことを放っておいても不安になりません。

「私がいないところで、浮気していないかしら？」

などと疑心暗鬼になることもないのです。

また、たとえ相手が浮気をしていたことが発覚しても、「楽しかった？　じゃあ、私も別の人とデートしてみようかな！」などという気持ちになれるほど、自由な関係が成立するのです。

「人」という漢字は、1人の人間ともう1人の人間が寄りかかって支え合うことで表現されています。

でも、お互いに寄りかかりすぎると共依存の関係にハマってしまい、お互いがお互いを支えきれずに共倒れしてしまいます。

けれども、新しい時代のパートナーシップは、お互いが寄りかからずに自立しているので、倒れることもありません。

新しいパートナーシップの関係では、2人で楽しければ一緒にいて、そうでなければ、各々の時間を楽しむことができるような関係が成立するでしょう。

そんな、お互いを尊重しながらも、自由で風通しのよい関係がアセンションを迎える時代の恋愛のスタイルなのです。

目醒めへのレッスン21

新時代の恋愛は、
自分が「愛そのもの」になるので、
嫉妬のない自由で自立した
パートナーシップが成立する。

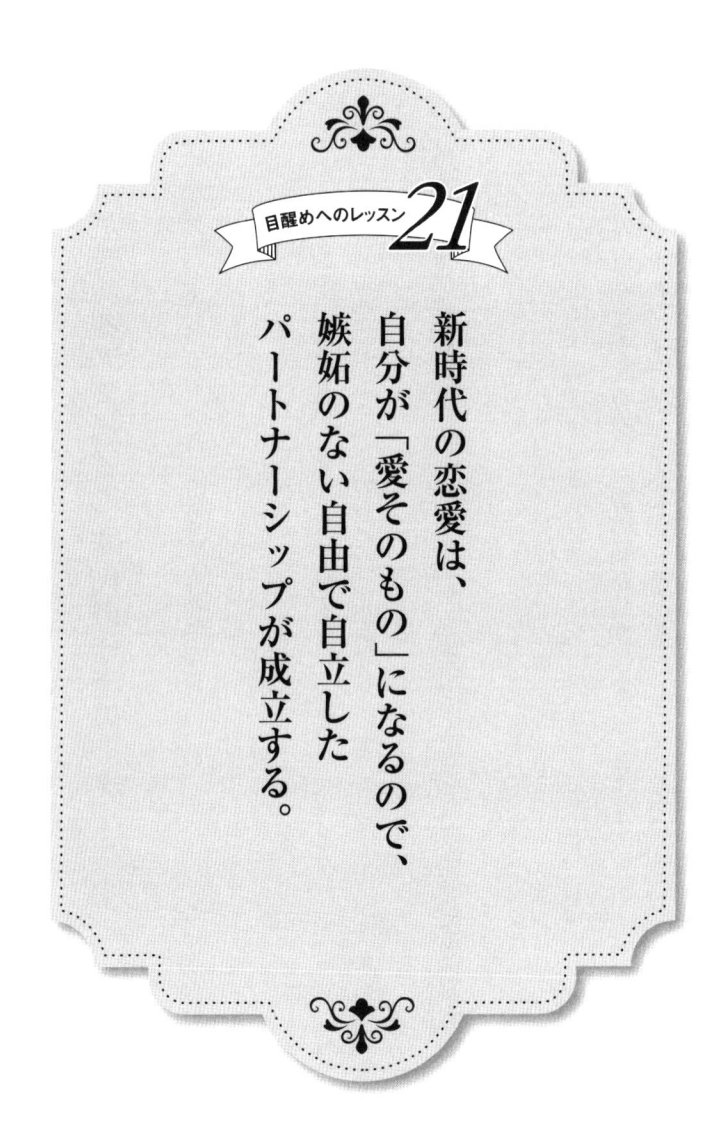

終身雇用が終わるアセンション時代の仕事のスタイル

新しい時代が到来しても、人はそれぞれの仕事を持ち、働いていくことは変わりません。

でも、アセンションの時代の仕事の仕方はガラリと変わってきます。

まず、働く側の意識として、「この会社に一生勤める」という考え方が次第に消滅していきます。

それを受けて、企業や会社など雇う側も「終身雇用で人事を行う」という採用も徐々に廃止されるでしょう。

まず、新しい時代には、「自分の情熱やワクワクに従うことを仕事・キャリアにする」ということが仕事を選択する際の一番の判断基準になってきます。

つまり、もう自分にとってワクワクしない仕事はやらない時代が到来するのです。

たとえば、ある人が最初はその仕事にとてもワクワクしていたとしても、ある程度の経験を積むと、もうかつてのようなワクワク感は消えてしまったとします。

その場合には、自分にとって次のワクワクへと自然に移行していく、というスタイルになるでしょう。

そして、そんな働き方を周囲や社会も認めるようになるのです。

これまでの社会の常識では、学校を卒業して一度会社に入ったら「石の上にも3年」のような忍耐や義務感、責任感など修行のような精神が良しとされてきました。

けれども今後は、「希望する部署に異動するためにも、最初はこの部署で数年間下積みをする」などという意識を持つこともなくなるでしょう。

それは、決して身勝手やわがままなどではなく、ただ本来のあなたのままでいる、ということなのです。

もし、あなたにとってそのことがワクワクしないのなら、もうその場所にいる必要はないのです。

同時に、「自分の現実は、自分自身で自由自在にクリエイトできる」という意識になるので、どのような状況に陥っても将来に不安を抱くことはなくなります。

自分のワクワクに従えば思い通りの現実が創りだせる、ということが自分でもわかるし、それが実際に可能になるのです。

目醒めた人にとって、アセンションした社会のキャリア事情は、今よりももっと働きやすい世の中になるはずです。

目醒めへのレッスン22

終身雇用は終わりを告げる。
忍耐や我慢からも解放されて、
ワクワクに従う
キャリアづくりの時代が到来。

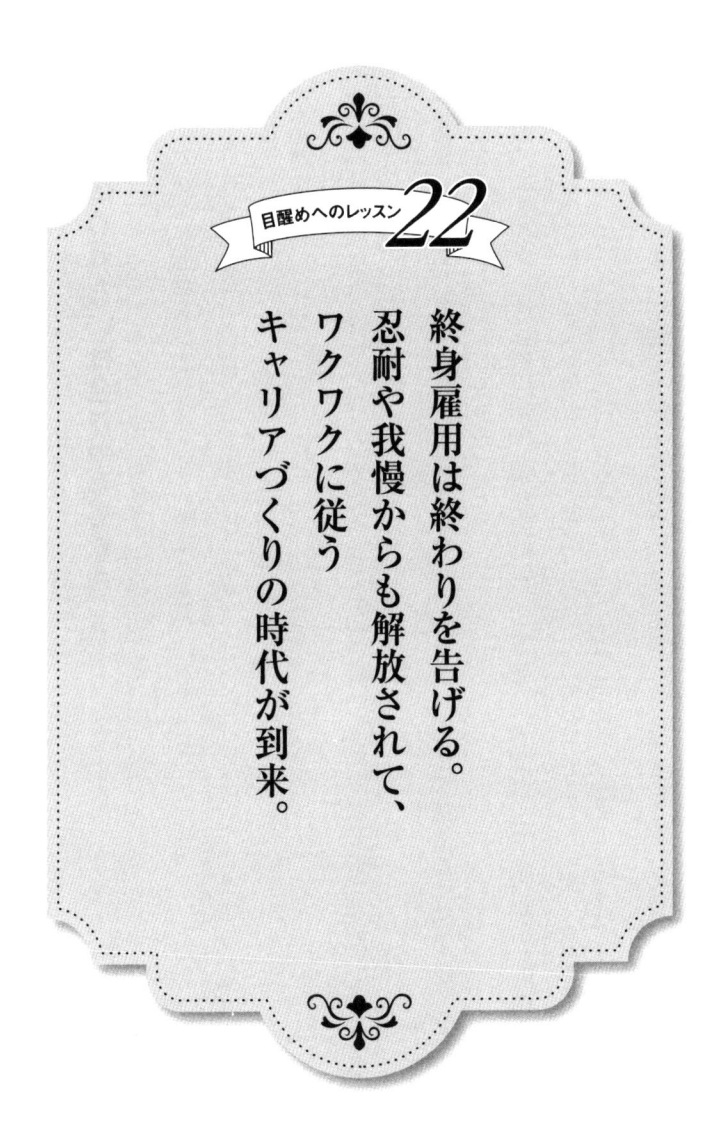

お金に囚《とら》われない社会がやってくる

「今、十分なお金があれば、ワクワクすることだけ追求できるのに」
「好きな仕事に就きたいけれど、やっぱり毎月家賃は出ていくので、まずはお金を稼がないと！」

新しい時代の働き方はなんとなくわかっても、それでもお金が必要、と考える人は多いはずです。

今の世の中において、「仕事をする」ということは、「お金を稼ぐための手段」や「生活するための手段」でもあるからです。

でも、仕事についての考え方が先述のように「自分にとってワクワクすることだけをやる」という考え方になっていくと、お金についての捉え方も次第に変わってきます。

まず、現在のようにお金とは生存のため、つまり、生活するために必要なものではなく、「自分がより快適に生きるためのただのツール」になっていくのです。

恋愛の項でもご説明しましたが、人々の波動が上がってくると、各々が「自分が満ち足りている」と感じられる状態になるので、それが現実のスクリーンに反映しはじめ、「すべてのことを自分の力で生み出すことができる」と信じはじめます。

そうなると、お金さえも思うがままに自分で必要なだけ生み出せるようになり、それがいつでもできる、と思えるようになるため、「足りない！」とか「もっとほしい」という欠乏感や渇望感は、もはや消えてなくなるのです。

こうして、自分にふさわしい形でお金が巡りはじめると、「こんなに簡単にお金が入って来るんだ！」ということに自信が持てるようになります。

それはまるで、秘法の錬金術を自由自在に扱うようなものです。

そうなると、世の中の「豊かさ」に対する概念も変わってきます。

豊かさは、さまざまな形を取って現れることがわかるようになるからです。

これまでは、「豊かさ」の象徴は「お金がすべて」でした。

けれども将来的には、まずは豊かさに満ちた自分がいて、その上でお金、健康、人間関係、チャンスなど、あらゆる豊かさを生み出せる自分になれるので、お金にこだわることがなくなっていくのです。

そして気づけば、「あれ⁉　お金ってそんなに必要なものでもなかったんだね」と、お金から自由になっていくのです。

ただ一方で、そんなふうに人々の意識がシフトするのを恐れる存在たちがいるのも確かです。

それが、金融の世界を裏でコントロールしている、資本主義のピラミッドの頂点にいる人々です。

彼らは、自分たちがつくった「お金の仕組み」で民衆を縛り、世界中の富を独占してきたわけですが、人々がお金を重視しなくなると、彼らのシステムも崩れて存在価値も無くなってしまいます。

だからこそ、人々が目醒めることを恐れているのです。

けれども今、自分たちだけ豊かであるべきで、その他の人々は自分たちに隷属すべきであるというエゴにもとづいた考えを持つ世界を裏で操るエリート層は、崩壊しつつあります。

分離の意識から生まれたお金で世界を支配する人々は、アセンション後の世界では消滅していくでしょう。

目醒めへのレッスン23

すべてを創造できる時代には、
お金も自由自在に操れる。
ただし、豊かさの価値観も変わり、
お金は今ほど
価値のないものになっていく。

エネルギーが変わる時だからこそ、心から健康に落ち込みから這い上がる４つのツール

エネルギーが大きく変わる時には、心と身体のバランスがふとしたきっかけで崩れてしまうことがあります。

前向きになりたいのに、心が沈みがちだと、身体がついていかずに余計に苛立《いらだ》ってしまうことも。

本来なら、自分が持っている力を憶い出すことさえできれば、「ポジティブでいようと頑張る」必要もないのですが、それでも、「一度落ち込んでしまうと、なかなか這《は》い上がれない」という悩みも眠りの時代の特徴です。

そんなときに便利なのが、92ページでも紹介したエプソムソルト。

エプソムソルトは、肉体に溜まった毒素のデトックスだけでなく、心のデトックスにも効果的です。

ネガティブな感情のエネルギーにまみれたり、低い周波数のスピリットが憑依したりすると、ウツ的な症状や気分が落ち込んでしまいます。

そこで、そんな状態が続くときには、エプソムソルトを使用して20分ほどお風呂に浸かり、たっぷりと汗をかくようにしてください。

滞った感情のエネルギーとネガティブな霊的エネルギーを汗と一緒に排出すれば、気持ちもすっきりリフレッシュできるはずです。

基本的に、ウツになったり落ち込んだりするのは、必要なエネルギーが自分の中に留まれずに漏れ出してしまうことが原因です。

そこで、自分の中に必要なエネルギーを急速にチャージする必要があります。

そのために、最も簡単な方法は、太陽からのエネルギー・チャージを行うこと。

太陽に向かって手の平を向けて、2～3分間深呼吸をしているだけでも必要なエネルギーがチャージされるでしょう（詳しくは120ページも参照）。

また、気持ちが落ち込む理由は、自分と地球のつながりが取れていないことも一因です。

でも、落ち込んで余裕がないときには、地球とつながろうとする気力すら湧いてこないことも。

そんなときは、グラウンディングをサポートしてくれる、スモーキークォーツ（煙水晶）やオブシディアン（黒曜石）の助けを借りましょう。

これらの天然石を手に握って数回呼吸をするだけでも、気持ちが落ち着いてくるのがわかるはずです。

息を吸うたびに、手から天然石のエネルギーが流れ込んでくるのを意図するのもいいでしょう。

あるいは息を吸いながら、石のエネルギーが自分の好きな色となって身体中に満ちていくのをイメージしてみてください。

たったそれだけで、周波数は変わりはじめるのです。

他にも、レモンやベルガモット、グレープフルーツ、タンジェリンなどの柑橘系のアロマも落ち込んだ気分を明るくしてくれる優秀なアイテム。

ディフューザーなどで部屋にアロマの香りを噴射すれば、さわやかな香りとともに沈んだ気持ちもアップしてくるはずです。

気持ちが落ち込んだときには、これらの4つの「心が元気になれるツール」を活用してみてください。

無理やり元気になろうとすればするほど落ち込みのスパイラルにハマりがちになるので、日常生活の中で手に入れやすいこれらのツールを活用するのもひとつの方法です。

心を軽くする４つのツールを上手に使って、
エネルギーが変わる時期を上手に乗り切る。

目醒めへのレッスン24

エネルギーが変わるタイミングだから
心も揺らぐ。
無理してポジティブになろうとせずに、
心が軽くなるツールを活用。

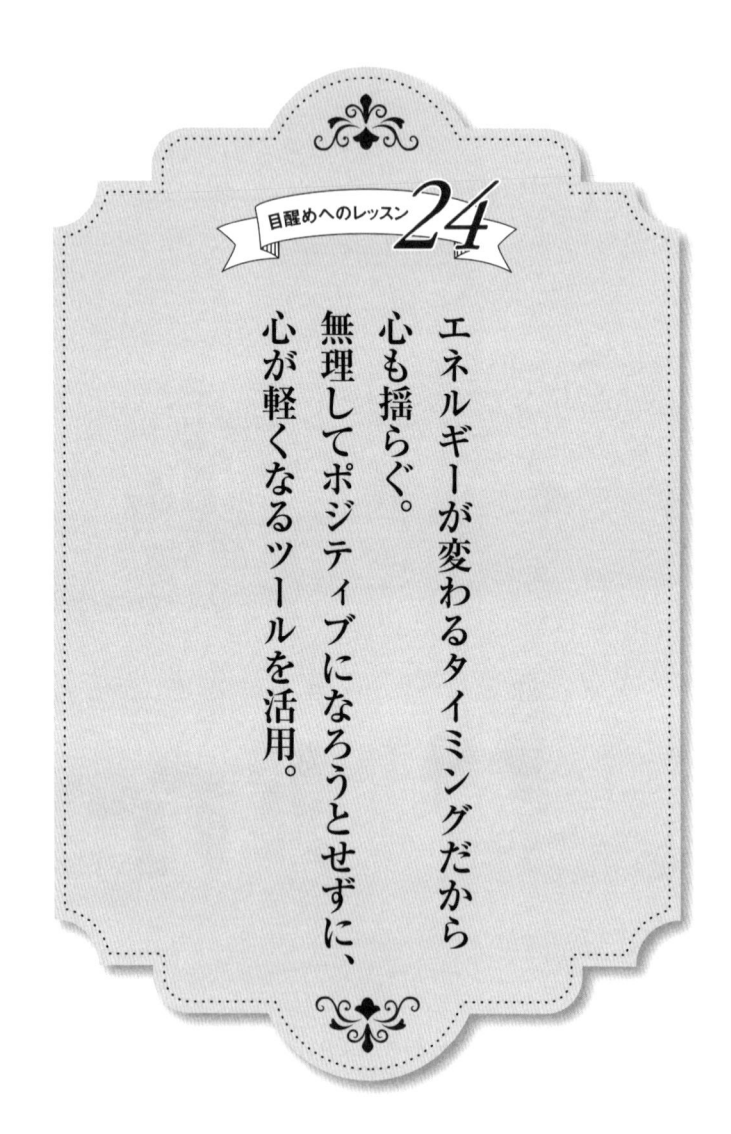

病気は「本来の自分とずれている」サイン――

これから、高い次元へと移行していくにつれて、「病気」というものは消滅していくはずです。

なぜなら、僕たちの周波数が上がれば、病気の低い周波数とは噛み合わなくなり、病気自体になれなくなってくるからです。

もちろん、病気が悪いというわけではなく、低い次元と高い次元は周波数帯域が違うために単純に同調できない、というだけです。

とはいっても、この目醒めの時期に自分自身の学びや気づきを得るために、あえて病気になる人もいます。

基本的に、病気とは「今のあなたは、本来の自分の軸からずれていますよ」「本当の自分以外の自分を演じていますよ」ということを教えてくれるサインなのです。

ですから、病気になることで自分と向き合い、そこから生き方をガラリと変えて自分の波動を上げていく人もいるのです。

それでは、「生き方を変える」とは、どのようなことを意味するのでしょうか？　これも、難しいことではありません。

病気があなたに伝えているメッセージは、「もっと自分に向き合って！」「自分自身をもっと大切にしてあげて！」ということです。

体調を崩しやすい人、疲れやすい人、病気がちの人などは、仕事ややるべきことに忙殺されたり、家族や人のためだけに生きていたりしていませんか？

また本心とは違うのに、ノーと言えずに、周囲に合わせてばかりいないでしょうか？

あるいは、嫌われるのが怖かったり、摩擦を起こしたりするのが嫌で、本音を押し殺して生きてはいませんか？

そんな人は、そろそろ自分のことを一番に考えて、最優先に扱ってあげてください。

心身の不調は本当の自分とずれているサイン。
そんなサインが出たら、早く気づいて！

人はハイヤーセルフと一体になれていないときに、「違和感」や「居心地の悪さ」を感じるものです。

それは、ハイヤーセルフからの「今のあなたの状態は、本来の在り方からズレていますよ。本当のあなたを生きていませんよ！」という忠告です。

あるいは、「そろそろ、目を醒ましましょう」というメッセージであり、それを無視したままでいると、ハイヤーセルフは、病気などの手段を通して、あなたを強制的にストップさせ、自分と向き合わせることで軌道修正させようとします。

それは、ハイヤーセルフからの愛のある警告です。

でも本来なら、そんなふうになる前に、違和感や居心地の悪さを覚えたときに、すぐに立ち止まってほしいのです。

そうして、サインが小さなうちに耳を傾けることができれば、わざわざ痛みを伴う変化を体験する必要もありませんから。

日本人ほど周囲と協調性を保つことを大切にしている人々は、いないと思います。

けれども、それは同時に、極端に言えば「自分だけがわがままを言うべきではない」と自分を抑えて周囲に合わせながら、本当の自分を隠して生きているとも言えるのです。

でも、「わがままは悪いこと」という考え方こそ、あなたを眠りの中にとどめておく「眠りのルール」であることを知ってください。

何をおいても、協調性を最優先にしてしまいがちな日本人だからこそ、「少しくらい〝自己中〟になってもいいんだ」、あるいは「もう少し〝わがまま〟になってもいい」というくらいの考え方で、ちょうど良いのかもしれません。

そんな柔軟なマインドになることが、あなたに心身の健康をもたらしてくれるのです。

目醒めへのレッスン25

高い次元に移行すると、
病気とは無縁になる。
病気になる前に、
違和感や居心地の悪さという
サインを感じた時点で
立ち止まること。

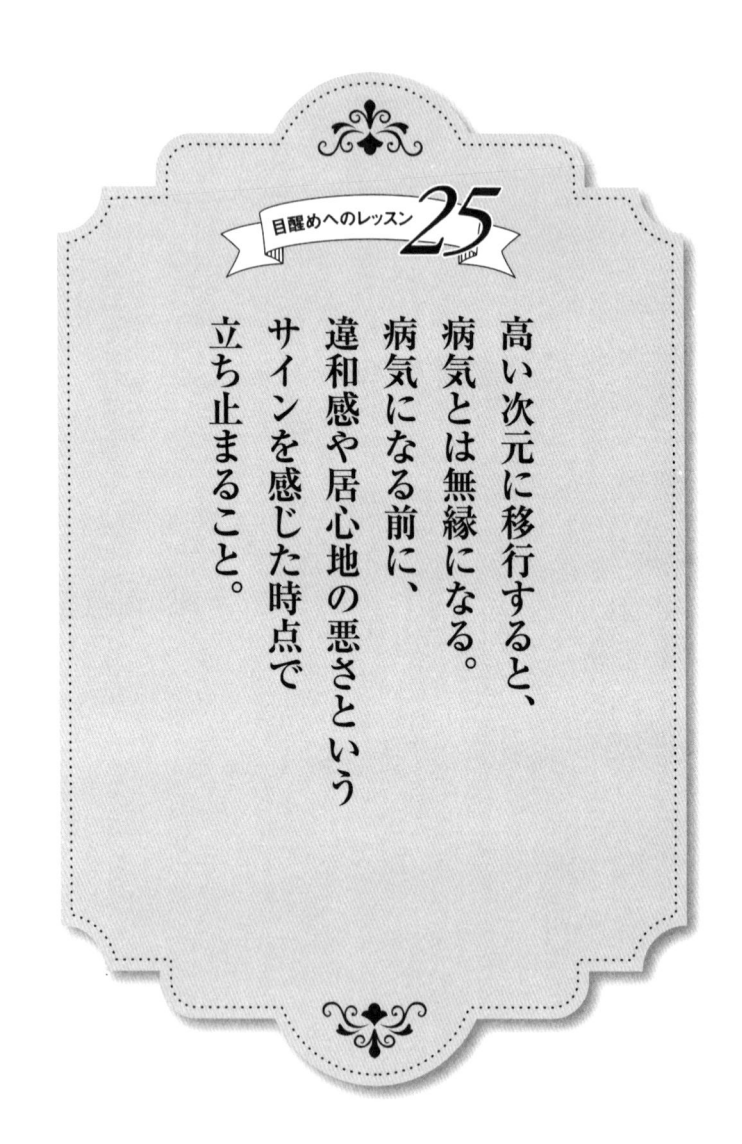

集団の目醒めを促すために起きること

前述のように、病気や体調不良は、その人個人に対するハイヤーセルフからのサインであり、ウェイクアップコールです。

では、これが集団への目醒めを促すメッセージになったときには、どうなるのでしょうか？

それが、自然災害や天変地異と呼ばれるものです。

大きな自然災害や天変地異が起きると、仕事に自宅、お金を失い、場合によっては大切な人までも失うこともあります。

これは、神と呼ばれる存在が人間への学びやレッスンのためにそうさせているのでしょうか？

いいえ、違います。

実は、自然災害や天変地異とは神からの試練などではなく、人間の集合意識が自然を通して自ら起こしているものなのです。

なぜなら、すべてを失い八方塞がりになる体験をし、もうどうにもならないというときになって初めて、人は立ち上がるために本来のパワーを発揮するからです。

「火事場の馬鹿力」という言葉があるように、人はそんな状況になって初めて「自分は、無から有を生み出す大きな力を持っていた」ことに気づくのです。

でも、それがもうわかるのなら、自然災害や天変地異を体験してまで学ぶ必要はないはずです。

そんな事態になる前に、自分にはそれだけ大きなポテンシャルがあるのだと気づくべきです。

一夜にして海に沈んでしまったといわれるレムリアやアトランティスは、それまで築いてきたものをすべて海底に沈めて手放すことで、〝大リセット〟を行いました。

今、当時のレムリア大陸に生きていた人々の中から日本に転生している魂が多いといわれていますが、その理由は、「もう、あの間違いを二度と繰り返さない」という思いがあるからです。

アセンションに向けて、日本の人は人類の進化成長を促す大切な役割があり、それを成し遂げるのに最高の環境も整っているのです。

たとえば、日本は海に囲まれているので周囲の国々からの干渉が最小限であり、自国の純粋なエネルギーを保ちやすいのです。

また、さまざまな国の文化を取り入れる柔軟性も持ち合わせているので、十分な情報を得られる利点もあります。

さらには、他国に行くのにも、政府による大きな制限がないのも特徴です。

このような環境が整っていることから、多くのレムリアンたちが今、地球の大きな変容の時期をサポートしたいと日本に転生してきているのです。

将来的には、自然災害や天変地異を通して学ぶパラレルワールドもあるかもしれません。

でも、僕たちが望めば、もっと調和に満ちた穏やかな方法でシフトしていくことも可能なのです。

目醒めへのレッスン26

集団への〝気づき〟は、
自然災害や天変地異という形で
起きることも。
でも、目醒めると、
そんなイベントさえも
体験する必要はなくなる。

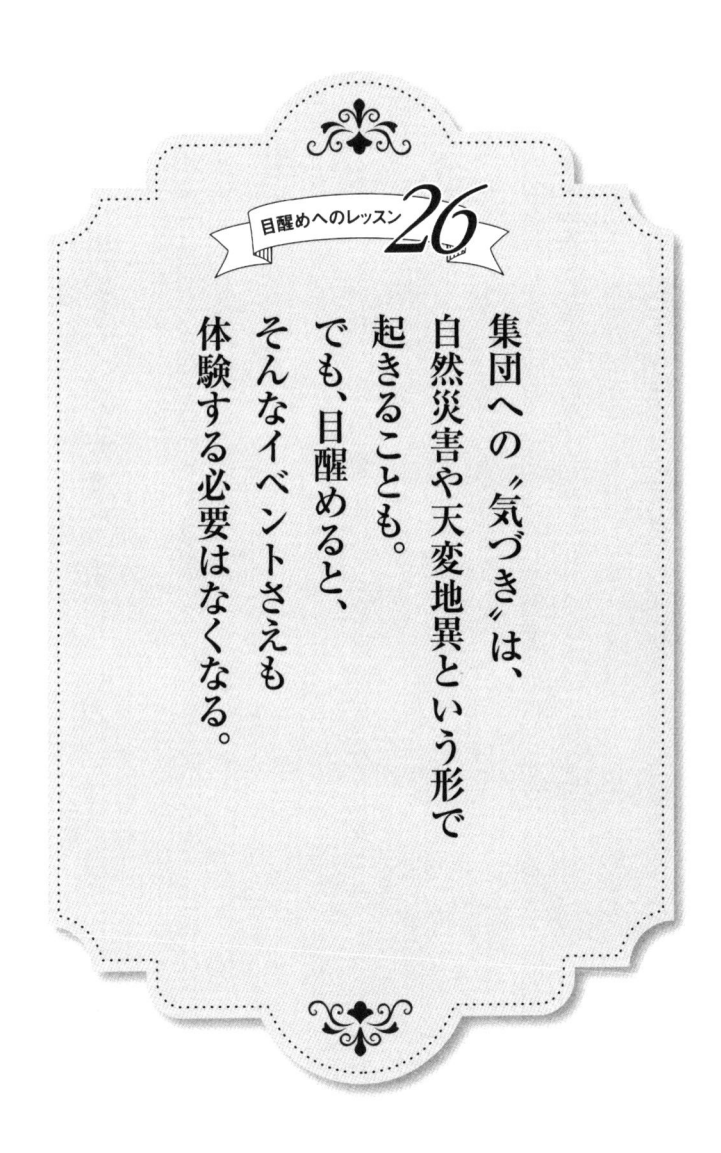

究極のアンチエイジング方法とは？

目醒めた人は、心も身体もいつまでも若々しくいられるはずです。

では、ここで究極のアンチエイジング方法をお伝えしておきましょう。

それは、「ワクワクを追求すること」です。


この本を読んでいただいている方々にとっては、「ワクワク」などは、もうこれまで何度も聞いてきたフレーズに違いありません。

でも実は、このワクワクこそ、究極の若さの秘訣なのです。

なぜなら、ワクワクは〝時〟を超えるからです。

誰もが自分にとってワクワクすることに無我夢中で取り組んでいるとき、時間があっという間に過ぎ去る体験をしたことがあるのではないでしょうか？

たとえば、絵を描くのが好きな人が夢中で絵を描いているとします。

そして、その人が「1時間くらい経ったかな？」と思って時計を見たら、実は5時間も経過していた、というような話を聞いたことがあるでしょう。

実際にそのような場合、その人にとっては本当に1時間しか時間は経っていないのです。

つまり、その人は実際の5時間ではなく、1時間分だけしか年をとっていないのです。

ということは、ワクワクすることを追いかけていれば、いつも時間を短く感じるので、その人の老化の速度は遅くなるのです。

でも、この逆もまたしかりです。

自分にとって嫌なことや望まないことを行えば、実際の時間よりも長く感じてしまうので、嫌なことばかりを続けていると、それだけはやく老化してしまいます。

本当に嫌なことをやっていると、時間が長く感じる体験をしたことがある人もいるでしょう。

そして、どっと疲れて、何歳も年を取ったように感じるのです。

実は、これは時間の概念における単なる錯覚ではありません。

ワクワクの追求が究極のアンチエイジングになる。

自分の情熱や好奇心のおもむくままに、常に喜びの感覚の中で生きられている人は、細胞もどんどん活性化していきます。

ワクワクして自分とつながると大いなる源とつながることになり、そこからエネルギーが供給されるので疲れることもないし細胞も若返るのです。

人体におけるチャクラのシステムは、エネルギーが出入りするポータルです。

今後、目醒めを経て高い波動へとシフトしていく人のチャクラは、ハイヤーセルフのチャクラと同期化していきます。

つまり、波動が上がるほどに、各チャクラの回転数はバランスがとれて、より高い波動のエネルギーやプラーナを取り入れることができるようになるのです。

「いつまでも若くいたい！」と思う人こそ、「恋《こひ》したふわよ」の感覚で生きているかどうかを、毎瞬、自分に問いかけてみてください。

目醒めへのレッスン27

時間を超えれば
いつまでもイキイキ若々しくいられる。
そのためにも、ワクワクを追求して。

何歳になっても軽やかに生きるために——脳に年齢を数えさせない

「29歳のお誕生日おめでとう！」

「今年で35歳になってしまったわ」

もう、こんなふうに年齢をカウントすることはやめにしませんか。

実は年齢をカウントすることも老化につながるのです。

本来、脳の機能として、その人の年齢などは認識できないはずなのです。

それなのに、人が年齢を重ねながら白髪になったり、シワを増やしたり、腰が曲がったり、と数え上げればキリがないですが、このように老化を体現していくのはなぜなのでしょうか。

それは、「もう、○歳だし……もう、若くないんだから……」「年齢のせいでガタがきた」

「もう年だから、○○はできない」などという情報を、常識や固定観念として脳にインプットし続け、さらには、自分でもそう信じているから、細胞もそのとおりに老いていくのです。

脳は年齢を認識していなかったはずなのに、「え？　そうなの？　じゃあ、また1歳年をとったから、だんだんと身体は動けなくなっていくんだね」などと学習して、あなたの身体を老化させてしまうのです。

あの釈迦も「人間にとって老化することは、アクシデントである」という言葉を遺しています。

これはつまり、本来なら加齢＝老化、エイジングはあり得なかったものなのに、人間は突然、アクシデント的にその概念をどこかで創り出してしまった、ということなのです。

そして、人間の意識のパワーは絶大なので、世の中の集合意識の中に、各々の潜在意識の中に「年齢を重ねると老化する」ということをインプットしてしまったのです。

何歳になっても、イキイキと若々しくいるためにも、まずは、自分の年齢をカウントするのをやめてみませんか。

あなたにはパワーがあることを、いつも覚えておいてください。

目醒めへのレッスン28

若さの秘訣は
年齢をカウントしないこと。
脳に「年を重ねると老いる」概念を
インプットするから老いていく。

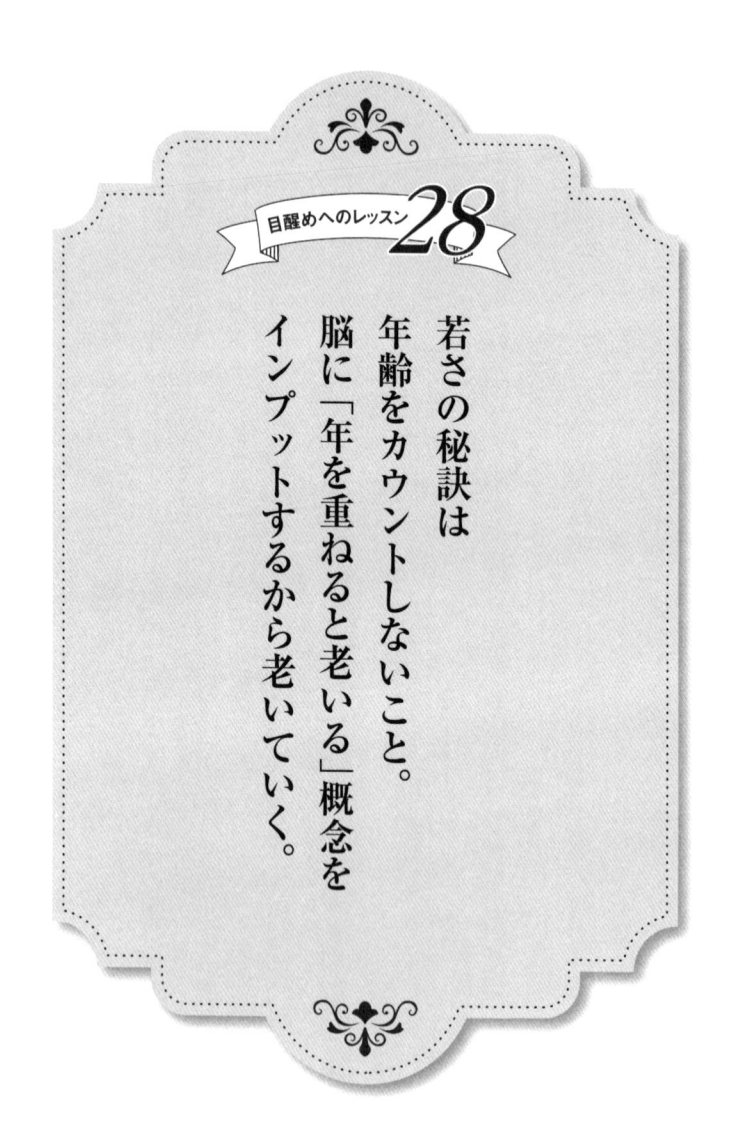

意識の力で若返りも可能に

さらには、もし意識のパワーが本当に絶大ならば、その意識の力を逆手に使ってみませんか?

若々しくいるためには「年齢をカウントするのをやめる」だけでなく、毎年の誕生日に「年齢を重ねる」のではなく、「1歳若返る」と決めたっていいのです。

そうすれば、あなたはこれから1年ごとに1歳ずつ若返ることも可能なのです。

学習機能を持っている脳に「年齢を重ねることは1歳ずつ若くなることであり、また身体もどんどん健康になっていくんだよ」ということを学習させるのです。

そして、いったん身体が軽やかになり、よりイキイキと元気になっていくと、それを自分でも実感することができるでしょう。

すると、さらにあなたの意識はパワフルに働きはじめて、潜在意識が受け取ったポジティブな印象を今度は脳が受け取り、身体に若返るように指令するのです。

また、究極的には、「自分の魂は永遠の存在である」という意識を持つことも大切です。

肉体を持った存在＝自分自身だと信じていると、老化すると自分自身も衰えていくと思いがちです。

確かに肉体を持った存在としては、人間は「限りのある存在」かもしれません。たとえそうであったとしても、「本当の自分は肉体以上の存在である」「自分は肉体を超えて拡がる大きな意識体である」ということを覚えておいていただけたらと思うのです。

意識の持ち方で、誕生日ごとに1歳若返ることだって可能になる!?

目醒めへのレッスン29

意識のパワーは
絶大であることを信じて。
老化をストップさせるだけでなく
若返りも可能。

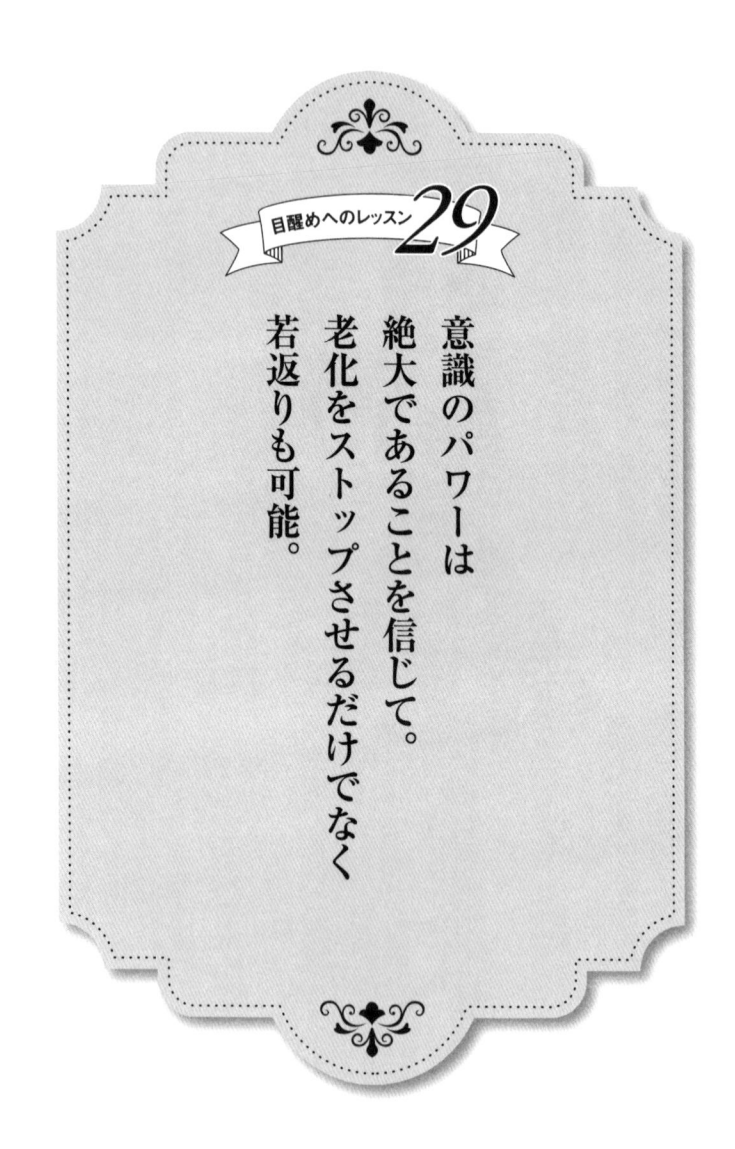

おわりに

――アセンションをリードする日本にふさわしい、新たな「令和」の時代の幕開け――

日本では、２０１９年に新天皇の即位により、新たに「令和」という元号に変わって新しい時代が到来しました。

これまでもスピリチュアルの世界では、「世界が新しい時代を迎える時に、日本が世界に向けての〝ひな型〟となる」とか「世界の中でも日本は特別な存在」といわれてきました。これは、日本の人が日本を愛する強い思いから、また、そうあってほしいと願う気持ちから、そう言っているのではなく真実なのです。

上からの情報によると、「これから人類が進化をしていく鍵を握っているのは、アジアである。アジアには人類だけではなく、宇宙の進化にもつながる大きなポテンシャルが眠っている。特に日本には、そのための叡智や能力を備えた〝賢者の魂〟たちが数多く転生してきている」とのことです。

さらに具体的に言うと、新しい時代のリーダーになるべき賢者の魂は世界中に散らばっている中、日本にはその38パーセント、つまり4割近くが転生してきているそうです。

つまり、アセンションを迎えるにあたって、日本は世界のリーダー的存在としてふさわしい国であり、また、実際そうであるべきなのです。

けれども、そのことを自覚していないのが僕たち日本人なのです。

また、上からの情報によると、「今、日本という国にはフェニックス（不死鳥）のエネルギーが取り巻いている。今こそ、古い考えや概念を手放して、新たな意識へとシフトしていく時期を迎えている」とのことです。

ご存じのように、フェニックスとは、復活の象徴として知られていますが、過去の歴史において日本も数々の困難を体験してきましたが、そのたびに、復活を遂げてきました。

アセンションの時代に向けて、戦争や環境汚染、自然破壊に貧困、経済危機などさまざまな問題から不死鳥のように復活するためには、今のこのタイミングで日本の人がどれだけ目醒めるか、にかかっているのです。

「令和の時代」を迎えたことは、日本が今、目醒めはじめているという狼煙《のろし》を世界に向けて発信する機会でもあったのです。

目醒めとは、個人の成長だけを意味しているのではありません。

あなた一人が目醒めることで、日本や世界、そして地球、さらには宇宙の成長へとつながっていくのです。

これから目を醒ましていく人たちには、まるで〝魔法の王国〟のような魅力あふれる素晴らしい世界が待っています。

なぜなら、あなたの意識を新しい次元にシフトさせると、願ったことは簡単に叶い、思ったものがすぐに手に入る、まるで自分バージョンの天国にいるかのような人生を体験するようになるからです。

一方で、眠り続けることを選択すると、選んだものを強力にバックアップするという宇宙の流れの中で、さらにネガティブさが増して、同じ地球にいながらも、まるで地獄にいるかのような体験をすることになるかもしれません。

このように、今後それぞれが選んだものを体験するという多極化が、加速していくことになるのでしょう。

そして、今がその移行期、トランジションの時期なのです。


今、あなたは、今世のうちに目を醒まし、今までにない新たな地球を体験したいからこそ、この本を読んでいただいているのだと思います。

そしてあなたは、それが可能な一人なのです。

そうでなければ、こうした情報に触れることさえないのですから。


そんなあなたへ。

ようこそ、おかえりなさい！

そして、これからが本当のはじまりです。
エキサイティングな目醒めの旅は、まだまだ続いていきます。
さあ、今までにない宇宙レベルのフェスティバルを、皆で楽しみましょう！

――目醒めへの旅《ジャーニー》の次のステップで、またお会いしましょう――

並木　良和

anemone BOOKS
information

並木良和さんの最新情報

ビオ・マガジンから並木良和さんの情報をLINEでお届け!

無料動画やワークの開催、新刊情報等をLINEでお知らせします。

並木良和
LINE公式アカウント
お友だち募集中!

http://nav.cx/82QfbiB

※今後も出版と合わせてワーク開催を予定しています。ワークは比較的早くうまりますので、LINE登録をすれば、申しこみ情報をいち早く入手できます。

アネモネHPの
ティーチャーズルームにて各種最新情報を公開中!!
http://biomagazine.co.jp/namiki/

並木さんがプロデュースした、
からだの内と外のクリアリングアイテムが新発売！

※パッケージは、予告なく変更されることがあります。

Purica｜ピュリケ

人気のエプソムソルトにフルボ酸を加えた入浴剤。毎日の入浴で皮膚を通じて、無理なく、クリアリングできます。

エプソムソルトは、今注目のマグネシウム浴剤で、細胞内のミトコンドリアを活性化させて、からだを元気にしてくれます。また、フルボ酸は、16種類のミネラルと20種類のアミノ酸を含み、キレート作用もあるので、細胞の余分なものを入れ替え、スッキリとしてくれます。

ほかでは、手に入らない究極の配合です。

※パッケージは、予告なく変更されることがあります。

CLARI｜クラリ

焚火や囲炉裏で料理をしていたように、人類の食の歴史は炭と共にありました。

ゼロ磁場の伊那赤松妙炭とヤシ殻活性炭の黄金比配合炭をマイクロ化して、
パウダー状に仕上げています。そのため、水にも溶けやすく簡単に混ざります。

無味無臭なので、お好きなドリンクに入れたり、料理に振りかけたり、毎日手軽に摂取で、知らないうちに、善玉菌が育ち、お腹の調子が良くなります。

携帯にも便利なスティックタイプ。


並木さんプロデュース商品の詳細はコチラ▶

http://biomagazine.co.jp/namiki-item/

並木良和 なみき・よしかず

スピリチュアル・カウンセラー、作家。幼少期よりサイキック能力を自覚し、高校入学と同時に霊能力者に師事。整体師として働いた後、スピリチュアル・カウンセラーとして独立。現在、全国に7000人以上のクライアントを抱え、個人セッションやワークショップ、講演会も開催している人気カウンセラー。著書に『ほら 起きて!目醒まし時計が鳴ってるよ』(風雲舎)、『みんな誰もが神様だった』(青林堂)、『目醒めへのパスポート 本当のあなたを憶い出す、5つの統合ワーク』(ビオマガジン)がある。

新しい地球で楽しく生きるための

目醒めのレッスン29

2019年11月15日 第一版 第一刷
2021年6月6日 第九刷

著　者　並木良和

発行人　西 宏祐
発行所　株式会社ビオ・マガジン
〒141-0031 東京都品川区西五反田8-11-21
五反田TRビル1F
TEL:03-5436-9204 FAX:03-5436-9209
http://biomagazine.co.jp/

編　集　西元啓子
デザイン　堀江侑司
イラスト　藤井由美子
D T P　大内かなえ
校　閲　野崎清春

印刷・製本　株式会社シナノパブリッシングプレス

ISBN978-4-86588-069-4 C0011